NAÏM H

ACA

STORY

2

Les éditions Atfal Story
Achevé d'imprimer en 2024
ISBN : 9782959015021

بسم الله الرحمن الرحيم

ACADEMY
STORY
CHAPITRE 10 : OUVERTURE DES VENTES

La veille du défi Business, Souhayl passe la soirée dans le salon avec son père. Après avoir eu le courage de l'interroger sur la lettre qu'il a trouvée un an plus tôt, il questionne son père sur son passé à l'Academy.

— Ils ont effacé les traces de ton passage ? Donc tu étais bien à l'Academy... hein Abi ?

— Mon grand, répond son père, j'imagine que tu te poses mille questions et c'est normal. Je m'en poserais autant à ta place. Mais tu sais que les anciens élèves de l'Academy ne peuvent rien dire sur ce qu'ils y ont vécu, même s'il est connu de tous qu'ils y sont passés. Alors, imagine ma position, sachant que même mon admission doit rester cachée !

Le père se lève. Il regarde son fils d'un air grave. Dans la pénombre de la nuit, la faible lumière qui pénètre dans le salon ne laisse pas Souhayl voir le visage de son père.

— Je suis vraiment désolé, Souhayl, mais cette conversation doit s'arrêter ici.

— Donc, je n'aurai jamais de réponses ?

— Pas de ma part, Souhayl. Et toi non plus tu ne dois en parler à personne, tu as compris ? Personne ne doit apprendre l'existence de cette lettre, de son contenu ou de cette discussion. Et ne m'en veux pas mon grand... si j'avais pu, je ne t'aurais rien caché.

— D'accord...

— Al Hamdoulillah. Allez, demain c'est le grand jour, tu devrais aller te coucher.

— Abi !

— Oui ?

Souhayl se lève d'un bond du canapé, tout en cherchant du regard les yeux de son père qui était sur le point de partir.

— Je ne dirai rien à personne, mais je compte bien me débrouiller pour avoir les réponses par moi-même ! Comme ça, les questions arrêteront de gratter ma tête, et toi, tu seras tranquille, inchallah !

Le père s'approche de Souhayl avec un léger sourire. Une fois devant lui, il lui met une tape sur l'épaule en signe d'approbation.

— Haha ! Ma cha Allah, ça ne m'étonne pas de toi ! Fais ce que tu as à faire et amuse-toi bien ! Tant que tu n'en parles à personne, tu peux faire ce que tu veux ! Et bon courage ! Allez ! Tu dois aller te coucher. Demain, il faudra qu'on parte directement après le Fajr.

Souhayl est soulagé d'avoir eu cette discussion avec son père. Il est même plutôt excité à l'idée de pouvoir chercher des réponses par lui-même. En montant les escaliers menant à sa chambre, il se concentre un peu plus, à chaque marche franchie, sur le défi qui l'attend le lendemain matin.

— Réveille-toi Souhayl...

...

...

— Souhayl, allez, réveille-toi, c'est le grand jour ! dit Haroun, en secouant délicatement son frère encore sous la couette.

— Laisse-moi tranquille ! T'as qu'à te lever toi !! répond Souhayl, essayant de gagner quelques minutes de sommeil.

— Abiii ! Abiiiiiii !! Souhayl veut pas se lever pour Fajr et il...

Souhayl saute d'un bond pour faire taire son son petit frère de peur que son père ne l'entende. Il place une main sur sa bouche et de l'autre, il saisit discrètement le Venti Freeze 3000 qui était posé sur sa table de nuit.

Haroun, de son côté, veut en profiter pour lui lécher l'intérieur de la main qui bloque sa bouche. Mais Souhayl, qui sait parfaitement ce que son frère prépare, retire sa main juste à temps et place avec précision le ventilateur devant le visage de son petit frère.

— Hhhhhaaaaaaaa, expire de tous ses poumons Souhayl en direction du ventilateur.

— Aaaaaaah !!! Ça puuuuuue !! crie Haroun, c'est quoi cette odeur ?!!

— Hahaha ! s'esclaffe Souhayl, c'est ma technique secrète anti-intrusion ! Le Venti Haleine 4000 ! En expirant derrière le ventilateur, les pales rejettent mon haleine à pleine vitesse sur le visage de mon adversaire !

— Ouummiii !! Ouummmmiiiiii !! Souhayl m'a attaqué avec son ventilateur ! Mon visage sent le poisson maintenant !!

Après les disputes et rigolades du réveil, Souhayl et son père avalent rapidement leur petit déjeuner avant d'aller à la mosquée.

— Abi, tu viens nous récupérer après pour aller voir Souhayl ? demande Haroun, excité par la journée qui l'attend.

— Oui, ne t'inquiète pas, on va tous aller encourager votre frère, incha Allah.

Le marché a lieu sur une portion de l'avenue Tariq Ibn Ziyad, qui est aussi l'avenue la plus importante de la ville. La route, vidée de sa circulation pour le week-end, expose toute sa largeur au grand jour. Des centaines de stands encore vides sont disposés des deux côtés de la voie, pendant qu'une armée de petits commerçants s'active à tout mettre en place pour l'ouverture.

Sur le stand 08, Souhayl et son père commencent à accrocher la banderole en attendant impatiemment l'arrivée de Youssouf. Alors qu'ils fixent le dernier angle, Youssouf arrive en compagnie de 'Omar et de son père.

— As-salamou 'alaykoum Souhayl ! dit Youssouf. Ma cha Allah, notre banderole est encore plus belle une fois installée ! Et le stand, il est trop cool ! On a apporté les tables et tout le reste, ne bouge pas ! On va t'aider incha Allah !

Sofiane, le père de 'Omar, s'avance pour saluer le père de Souhayl.

— As-salamou 'alaykoum Ismaïl, ça fait longtemps ! Comment tu vas ?

— Wa 'alaykoum as-salam wa rahmatoullah, Sofiane, Al Hamdoulillah, tout va bien et toi ? Comment va la famille ? Et les affaires ?

— Al Hamdoulillah, tout va bien. Franchement, cette journée ne te rappelle pas notre enfance ? Même s'il est vrai que nous, à leur âge, on n'avait pas de concours pour lancer un commerce ! Mais voir tous ces enfants pleins d'énergie et d'espoirs à l'idée d'entrer à l'Academy, ça me fait remonter un tas de souvenirs.

— Soubhanallah, dit Ismaïl, tu me renvoies trente ans en arrière ! Tu te rappelles quand le directeur a appelé tes parents pour leur dire que tu t'étais battu ? Tu avais tellement peur de rentrer chez toi et de te faire corriger par tes parents que tu m'avais demandé de te frapper avec une branche, pensant que tes parents te laisseraient tranquille si tu arrivais chez toi blessé, haha !

— M'en parle pas ! Je me revois encore tremblant, assis dans le bureau du directeur qui était au téléphone avec mon père ! Al Hamdoulillah, heureusement que tu m'as fait comprendre que la branche serait, en réalité, plus douloureuse que mes parents !

— Abi, dit 'Omar à son père, votre directeur, c'était le même que le nôtre ? Le directeur 'Abd Ar-Rahman ?

— Oui, il était déjà directeur à notre époque ! Il a toujours été droit et correct, et on garde un excellent souvenir de lui. C'est pour ça que je lui fais entièrement confiance pour ce défi.

Pendant ce temps, Souhayl et Youssouf finalisent l'installation de leur stand en préparant la caisse enregistreuse et l'ordinateur que 'Omar leur a prêté.

— Vous êtes prêts !? crie Souhayl, la souris de l'ordinateur à la main.

— Vas-y, on n'attend plus que toi ! répond Youssouf.

Souhayl clique, d'un coup assuré, pour lancer la publicité qu'ils ont tournée quelques jours avant. Tout le monde a les yeux rivés sur l'écran. Les spectateurs sont captivés. La vidéo se conclut sur la phrase : « Venti Freeze 3000 : le compagnon fraîcheur ».

— Wouaaah trop bien ! réagit 'Omar, impressionné par la vidéo.

— C'est sur cette vidéo que tu travaillais, Youssouf ? demande le père de 'Omar. Vraiment, ton père aurait été fier de toi, tu es vraiment très doué, Allahoumma barik !

— BarakAllahou fik, mon oncle... répond Youssouf, gêné.

— Regardez ! chuchote Souhayl, le directeur est là !

Le directeur, accompagné de son adjoint et de deux intendants, fait le tour des stands pour encourager les élèves et s'assurer que tout se passe pour le mieux.

Arrivé au stand 08, il balaye du regard l'installation puis, se saisit de l'un des ventilateurs posés sur la table pour l'examiner. En le reposant, il jette un œil sur l'écran diffusant en boucle le spot publicitaire.

— As-salamou 'alaykoum, les enfants, dit le directeur. Alors comme ça, vous avez décidé de vendre des ventilateurs ? C'est vous qui les avez fabriqués ?

— Wa 'alaykoum as-salam wa rahmatoullahi wa barakatouh, monsieur le directeur, répondent en chœur Souhayl et Youssouf.

— Oui, monsieur le directeur, dit Souhayl, Youssouf s'est chargé de la structure en bois et moi, de l'intégration des composants.

— Très bien ! Je suis impressionné, c'est un très bel objet et il est vrai qu'il fait très chaud cet été ! Qui a eu l'idée d'appliquer l'effet Venturi en intégrant des trous dans la coque ?

— C'est Souhayl, répond Youssouf.

— Ma cha Allah ! Bon, je vous laisse terminer vos préparatifs. Qu'Allah vous facilite !

— Amin ! répondent les enfants et leurs pères.

Alors qu'Ismaïl et Sofiane laissent les enfants gérer leur stand, les premiers visiteurs, venus grâce à la publicité faite par l'école, s'engagent sur l'avenue commerçante. L'ensemble des participants est sur le qui-vive, attendant avec anxiété l'arrivée d'un premier client.

— Souhayl ! dit Youssouf, mets-toi derrière la caisse. Moi, j'ai l'habitude de la vente alors je vais rester devant le stand pour attirer des clients !

Un premier passant s'arrête devant le stand des enfants.

— As-salamou 'alaykoum, il fait chaud, n'est-ce pas ? dit Youssouf pour engager la conversation avec le client.

— Oh oui, c'est une journée très chaude aujourd'hui ! Vous vendez quoi les enfants ? Des ventilateurs, c'est ça ?

— Non ! répond Youssouf, nous ne vendons pas de simples ventilateurs ! Nous vous offrons la brise qui va vous rafraîchir à toute heure du jour et de la nuit ! Je vous présente le Venti Freeze 3000 !

L'homme n'a pas eu le temps de répondre que Youssouf lui met un ventilateur entre les mains et dit :

— Allez-y ! Faites goûter à votre visage la fraîcheur de notre Venti Freeze 3000. Tout ce que vous avez à faire c'est appuyer sur ce bouton.

« VRRRRRRRRMMMMMM »

— Soubhanallah ! C'est vrai que c'est très frais ! Bien plus efficace que d'autres ventilateurs que j'ai déjà testés.

— Oui, c'est l'effet... commence Souhayl.

— N'embête pas monsieur avec la technique, le coupe Youssouf, tout ce qui compte, c'est que la douce brise caresse délicatement votre visage n'est-ce pas ?

— C'est combien? 5 dinars ? Je vous en prends deux !

— Souhayl ! Prépares-en deux pour le monsieur !

— Oui, tout de suite !

Souhayl et Youssouf encaissent leur premier client. Bien que Youssouf soit déjà rodé à la vente, cette expérience est une première pour Souhayl qui n'en revient toujours pas qu'on puisse vraiment gagner de l'argent contre un objet qu'il a fabriqué avec son ami.

— Mais c'est trop bien le commerce ! crie Souhayl les yeux plein de rêves. T'as vu Youssouf ? Le monsieur nous a donné 10 dinars !! Tous les matins on va à l'école alors qu'on pourrait devenir riche en vendant des trucs ! En plus c'est dix fois plus amusant ! Pourquoi tu viens encore à l'école Youssouf ? Pourquoi tu restes dans ton atelier si tu peux vivre ça tous les jours ?

— Calme toi Souhayl, répond Youssouf c'est juste ta première vente haha. En plus pour ce défi, l'école à ameuter pour nous toute la ville. Mais dans la vraie vie d'un commerçant, le plus dur ce n'est pas de vendre, c'est de trouver des clients. Et tant qu'on n'en a pas, on doit continuer à payer nos charges alors que les recettes sont minces. Bref, l'école c'est vraiment tranquille à côté j'te le dis.

La matinée continue et les ventes s'enchaînent les unes après les autres. Haroun, qui vient d'arriver, a spontanément pris le rôle de rabatteur. Il déambule sur la route bordée de stands, un ventilateur à la main, en criant :

“ J'm'appelle Haroun et j'ai six ans,
il fait si chaud, j'suis en péril !
Mais heureusement, j'marche en sentant
la brise du Venti Freeze 3000 ! ”

Le visage rond et mignon qui accompagne son petit numéro séduit de nombreux passants qui s'arrêtent pour l'écouter. Mais au retour de la prière du Dhohr, le tout premier client des enfants les attend devant leur stand.

— Je le reconnais, c'est notre premier client, dit Youssouf.

— Ouais, répond Souhayl, c'est sûr, qu'il va vouloir prendre un Venti Freeze pour toute sa famille !

Youssouf s'approche :

— As-salamou 'alaykoum monsieur, que puis-je faire pour vous ? Vous voulez d'autres Venti Freeze 3000 ?

— C'est inadmissible, dit le client en colère, vous m'avez arnaqué ! Je demande le remboursement de mes ventilateurs !

— Je ne comprends pas, répond Youssouf, inquiet. Quel est le souci ?

— Il y a un problème ?! demande Souhayl depuis le fond du stand, derrière sa caisse.

— Un problème ?! Votre ventilateur ne fonctionne plus ! Je l'ai à peine utilisé quelques heures et il a cessé de fonctionner ! Je veux être remboursé immédiatement !

— Écoutez monsieur, je comprends votre colère, temporise Youssouf. Ne vous en faites pas, je peux vous l'échanger contre un autre si vous voulez.

— Non, pas d'échange ! Je veux être remboursé et quitter ce marché ! Quelle idée de confier une boutique à des enfants !

— Approchez monsieur, dit Souhayl en interpellant le client. Je vais procéder à votre remboursement. Est-ce que je peux récupérer les ventilateurs défectueux s'il vous plaît ?

— Tenez vos ventilateurs, lui répond le client, merci pour le remboursement et écoutez mon conseil : retournez à l'école et arrêtez de jouer aux adultes !

Alors que le monsieur quitte le stand, trois autres personnes marchent d'un pas menaçant en direction des enfants, qui comprennent vite que ce sont d'autres clients de la matinée. Et les expressions sur leurs visages n'annoncent rien de bon.

Souhayl quitte sa caisse pour rejoindre Youssouf devant le stand. Et alors que les clients mécontents approchent, les deux enfants se regardent, paniqués.

ACADEMY
STORY
CHAPITRE 11 : MEGA PROBLÈME

La chaleur devient de plus en plus lourde. Aussi lourde que l'ambiance qui s'abat sur le stand des garçons. Les deux amis commencent à transpirer à grosses gouttes et appréhendent ce que vont faire les prochains clients.

— As-salamou 'alaykoum, désolé les enfants, mon ventilateur ne fonctionne plus, dit un premier client.

— Le nôtre non plus, est-ce qu'on peut être remboursés ?

— Soubhanallah, répond Souhayl, on est vraiment désolés ! On ne comprend pas d'où vient le problème ! Bien sûr, suivez-moi, je vais vous rembourser ! Vous pouvez déposer vos ventilateurs en panne sur cette table.

Une fois les clients repartis, Souhayl et Youssouf essayent les ventilateurs déposés sur la table pour tenter de comprendre ce qui a causé leur panne. Les garçons sont totalement perdus et désemparés en constatant que les ventilateurs sont bien en panne. Souhayl se gratte la tête, Youssouf fait les cent pas, et chacun a le regard grave et concentré. Ils réfléchissent à une solution rapide, et Youssouf tente une suggestion :

— On devrait fermer le stand Souhayl, dit-il, au moins le temps de comprendre ce qui nous arrive. On ne peut plus prendre le risque de vendre d'autres ventilateurs défectueux.

— Je suis d'accord, aide-moi à décrocher la banderole, je vais écrire « FERMÉ » sur l'autre face.

Une fois le stand fermé, Souhayl démonte un par un les ventilateurs et les examine minutieusement.

— Tu vois quelque chose, Souhayl ?

— Oui... je crois comprendre le problème.

— Et ?

— Et ça craint.

— As-salamou 'alaykoum ! s'exclame 'Omar, la bouche pleine d'une crêpe achetée sur le marché. Pourquoi vous êtes fermés ? Il y a un problème ?

— Un méga problème, répond Souhayl. Nos clients de la matinée sont venus se plaindre que leurs ventilateurs avaient cessé de fonctionner.

— Oh ça craint... commente 'Omar.

— Après les avoir ouverts, j'ai trouvé les circuits électriques cramés. Je soupçonne le bloc de ventilation de ne pas être d'assez bonne qualité ! Le fait qu'il soit enfermé dans une coque a dû causer une surchauffe des composants. Et avec la chaleur qu'il fait aujourd'hui, les ventilateurs sont bons pour la casse en moins d'une heure d'utilisation...

— Allahou Akbar ! Mais vous ne l'aviez pas remarqué lors de vos tests ? s'inquiète leur ami.

— Non... Il faut dire qu'on ne les a pas testés pendant des heures, sous le soleil, répond

Souhayl. Bon, pas le choix, je n'ai aucune solution et on a déjà utilisé tout notre budget. Je vais aller voir le directeur pour déclarer forfait, incha Allah.

— Attends Souhayl ! crie Youssouf, tu ne peux pas décider d'abandonner tout seul ! J'ai aussi mon mot à dire, non ?

— Ok très bien, tu veux continuer ? Alors, on fait quoi ? T'as une solution ? Autre chose à vendre ?

— Bah nan, j'en sais rien moi ! Je sais juste que je ne veux pas abandonner !

Alors que le ton monte entre Souhayl et Youssouf au sujet de la suite à donner à leur participation, 'Omar part en courant, sans prévenir.

— T'as vu ! T'as fait peur à 'Omar ! dit Youssouf.

— Mais nan, qu'est-ce que tu racontes ? C'est toi qui lui as fait peur à vouloir t'obstiner à participer alors que c'est une cause perdue !

— Bah pourquoi votre banderole est à l'envers ? demande Haroun qui revient de sa tournée avec deux nouveaux clients.

— Je crois que le stand de ton grand frère est fermé mon enfant, répond l'une des clientes qui accompagnent Haroun. Regarde, il est écrit : « FERMÉ ».

— Heiin ?! s'exclame Haroun, mais tu dois ouvrir Souhayl, je viens avec deux clients, là ! Et pourquoi t'es fermé d'abord ?! Je travaille pas pour rien, moi !

— As-salamou 'alaykoum, intervient Youssouf, je suis désolé, mais nous ne sommes pas en mesure de vous servir pour le moment. N'hésitez pas à repasser demain, incha Allah.

— Très bien, je comprends, répond la cliente. Nous reviendrons demain incha Allah. BarakAllahou fik, mon petit Haroun, de nous avoir fait découvrir le stand de ton frère. Tu es un très bon vendeur, ils ont de la chance de t'avoir dans leur équipe !

— Pourquoi tu leur as dit de repasser demain ? demande Souhayl à Youssouf. Tu comptes revenir demain, toi ? T'as encore de l'espoir ?

— Il y a toujours de l'espoir si on place sa confiance en Allah et qu'on fait notre maximum.

— La vraie question c'est pourquoi vous ne vendez plus de ventilateurs alors que je vous apporte des clients sur un plateau !! demande Haroun, contrarié.

— Hey les gars ! C'est bon !! crie 'Omar, en courant vers le stand de ses amis. Le directeur a accepté que je rejoigne votre équipe en tant qu'associé !!

— Hein ?? Pourquoi tu veux t'associer à nous ? demande Youssouf, perplexe. Je comprends pas, il y a de grandes chances que nous devions nous-mêmes abandonner !

— Allahou akbar !!! s'écrie Souhayl.

— T'as compris ?.. lui glisse 'Omar, avec un sourire en coin.

— Évidemment ! J'aurais dû y penser ! répond Souhayl. Les ventilateurs, c'est pas ce qu'il te manque ! Tu en as reçu une palette entière pour tes ordinateurs !

— Je comprends rien, dit Youssouf, vous pouvez pas être plus clairs ?

— Rappelle-toi, dit Souhayl, 'Omar a reçu une tonne de composants pour monter ses ordinateurs et il a dû abandonner le concours parce que ses cartes graphiques étaient défectueuses !

— Exactement, répond 'Omar. Et pour dissiper la chaleur dégagée par l'ensemble des composants d'un ordinateur, on installe quoi ?

— Un ventilateur, répond Youssouf qui comprend enfin le plan de son ami.

— Et les miens sont en bon état, Al Hamdoulillah, reprend ‘Omar.

— Bah oui ! dit Souhayl. Les ventilateurs des ordinateurs sont spécialement conçus pour dissiper des chaleurs dépassant les 60°C ! C’est parfait pour nous ! Al Hamdoulillah, qu’Allah te récompense Youssouf ! Heureusement que je n’ai pas déclaré forfait, haha !

— Alors c’est bon ? demande Youssouf, on peut réparer nos ventilateurs, c’est ça ?

— Oui, incha Allah ! répond 'Omar, je vous laisse, je passe à la maison récupérer tous mes ventilateurs, je reviens le plus vite possible inchallah !

— Et moi, je fais quoi ? demande Haroun.

— Ma cha Allah, lui répond Souhayl, t'as fait un super travail depuis ce matin, Haroun ! Tiens, prends ces 3 dinars et va t'acheter une glace, j'ai vu l'équipe de Bilal en vendre tout à l'heure. Mais reviens vite ! Quand les réparations seront effectuées, on aura plus que jamais besoin de tes services de rabatteur, incha Allah !

— Je me dépêche ! crie Haroun qui s'éloigne déjà en courant.

Alors que les enfants sont à la recherche d'une solution pour reprendre le cours du défi, les autres participants travaillent sans relâche. Chacun d'entre eux s'active, court et donne tout pour attirer les clients. On entend des voix s'élever de tous les côtés, et la poussière du sol s'élève dans les airs, ce qui donne une impression de chaos organisé. On trouve dans certains stands, des vendeurs disciplinés, où chacun trouve sa place. Ailleurs, on peut apercevoir des stands un peu plus fouillis où la marchandise s'entasse et où les chalands sont dépassés par la frénésie qui les entoure.

Au stand de la direction d'Ibn Badis, Sofiane, le père de 'Omar, s'entretient avec le directeur.

— C'est vraiment une excellente initiative que vous avez mise en place, monsieur le directeur. Pourquoi n'avoir jamais proposé ça avant ?

— Les temps ont changé Sofiane. La nouvelle génération passe son temps sur les réseaux sociaux à idéaliser une fiction qu'ils pensent être la réalité. Ils sont de plus en plus déconnectés du monde réel. Il était donc temps, pour nous aussi, de changer notre façon de faire.

— Je vois... et l'Academy évolue aussi, en conséquence ?

— Oui, en effet. Ce n'est plus Oways qui dirige l'Academy. Il a été remplacé par un jeune et j'ai entendu dire qu'il allait expérimenter de nouvelles choses. Pour être tout à fait franc, je pense que la sélection de cette année ne vivra pas l'Academy que toi et moi avons connue.

Sur le stand 08, Souhayl et Youssouf désossent tous les ventilateurs. Méthodiquement, ils les démontent et séparent les composants défectueux. À l'autre bout de la ville, le chauffeur de 'Omar s'arrête devant la tour Bourouj. À peine la voiture a-t-elle eu le temps de s'arrêter que 'Omar saute à l'extérieur pour s'engouffrer dans la tour.

— As-salamou 'alaykoum monsieur Sohko, dit le réceptionniste de la tour.

— Wa 'alaykoum as-salam wa rahmatoullah ! répond 'Omar, en courant vers l'ascenseur réservé à sa famille.

Il frappe de son doigt le lecteur d'empreintes digitales pour appeler l'ascenseur qui s'ouvre instantanément. La cabine avale les étages un par un à une vitesse folle, avant de s'arrêter au sommet de la tour. Les portes s'ouvrent directement sur l'entrée d'un immense appartement de trois étages. 'Omar sprinte en direction de sa chambre pour récupérer les ventilateurs.

— C'est toi, 'Omar ?! demande sa mère depuis l'étage supérieur.

— Oui ! As-salamou 'alaykoum Oummi ! Désolé, Souhayl et Youssouf m'attendent au marché, je suis dans leur équipe finalement !

— Ah bon ? Je croyais que tu ne participais pas à cette épreuve ?

— Oui mais mes amis ont besoin de moi, répond 'Omar.

La chambre de 'Omar est immense. Il cherche sous son lit king size et il n'y trouve que des chaussettes sales, éjectées là dessous par flemme de les ramener dans la buanderie. Il fouille sans succès son bureau sur lequel, à côté de ses appareils derniers cris, s'amoncelle un tas de composants électroniques qu'il aime garder de côté au cas où. Il court dans le dressing de sa chambre, et regarde en haut des placards, des fois que la femme de ménage les ait rangés dans une boîte à coté de ses centaines de paires de chaussures de marque. Après avoir inspecté tous les recoins de sa chambre, ‘Omar commence à désespérer de retrouver ses composants.

— Mais où ils sont ?! s’impatiente 'Omar. J’étais sûr de les avoir mis là ! Oummiiii ! Est-ce que tu as touché aux composants que j’ai reçus d’Asie ?

— Salamoulikom Mamar, tu joues avec moi ? demande Sofia, la petite sœur de 'Omar.

— Désolé Soso, j’ai vraiment pas le temps là ! Je cherche des... Dis, tu n’aurais pas touché aux trucs qu’il y avait dans ce carton, par hasard ?!

— Des truk ? Comme ka ? répond Sofia, en s’amusant à tourner les pales du ventilateur qu’elle tient dans ses petites mains.

— Mais pourquoi t’as touché à mes ventilateurs ! Où sont les autres ? demande ‘Omar en essayant de garder son calme.

— Mes poupées avaient chochocho, alors, je voulais leur donner du froifroifroi. J'ai pas raison ?

— Si si, tu as très bien fait, mais tu peux me dire où ils sont s'il te plait, Soso ?

— Soso faim !

— Quelle faim !? Je dois repartir Soso, je suis très pressé, mes amis m'attendent, s'il te plait, dis-moi où sont mes ventilateurs ! reprend 'Omar, exaspéré.

— Oummmi !!! Mamar crie sur Soso !

— Chuuut ! Ok ok... t'as faim Soso ? On va faire un jeu, d'accord ?

— Ouiiii !!! Un jeuuu !

— Très bien, alors voilà les règles : si tu trouves tous mes ventilateurs, je t'offre une glace au chocolat. Ok ?

— Dakor, viens avec Soso !

Sofia et ‘Omar entament la descente de l’interminable escalier. Le niveau inférieur donne sur la cuisine ultra équipée que ‘Omar traverse à toute vitesse avec sa sœur. Ils poursuivent leur course à travers le couloir qui mène à la salle de jeux des enfants. On y retrouve une piscine à boules, une balançoire d’intérieur et une centaine de jouets de toutes sortes. Ils en sortent pour emprunter un autre couloir. Ils longent la bibliothèque pour enfin arriver dans l’immense salon. Sofia tourne autour de tous les canapés, suivi de ‘Omar qui s’impatientent un peu plus à chaque virage. Arrivée devant les baies vitrées, Sofia prend la main de son frère pour sortir sur l’immense terrasse qui surplombe la ville.

— Pourquoi les ventilateurs seraient sur la terrasse ?!

— Pas ici… Mamar cherche avec Soso !

— Mais “cherche” quoi ? Qu’est-ce qu’on fait ici !?

— J'ai perdu mon pain, peut-être il est ici. Si tu vois, tu me dis, dakor ?

— Mais... Et notre jeu !!? demande 'Omar en respirant profondément pour garder son calme.

— Le jeu ? Ah oui !! Soso doit faire quoi déjà ?

— Mes ventilateurs !! dit 'Omar à bout de nerfs.

— Ah les poupées ! Soso arrive pas à faire marcher pour faire du froid alors Soso mettre dans le frigo.

'Omar laisse sa sœur et court vers le réfrigérateur. En l'ouvrant, il y trouve un sac contenant tous ses ventilateurs dans le bac à légumes.

— Al Hamdoulillah ! Bon, Oummi, j'y retourne, je suis en retard ! As-salamou 'alaykoum !

— Mamar pas oublier ma glace, dakor ?

— T'inquiète Soso, je m'en occupe !

De retour au stand, 'Omar retrouve Souhayl et Youssouf, toujours en plein démontage.

— C'est bon ! J'ai les ventilateurs !

— Excellent ! crie Souhayl, on a déjà pas mal avancé ! 'Omar, tu fais partie de l'équipe maintenant, alors viens démonter le reste des ventilateurs. Moi, je vais commencer à les remonter avec les nouvelles pièces que tu viens d'apporter. Quant à toi Youssouf, tu peux reprendre la vente auprès des clients ! Dès que je finis de remonter un ventilateur, je te le pose sur la table !

— Bismillah ! crient en chœur 'Omar et Youssouf.

Mais alors que tout le monde a pris ses nouvelles fonctions, Fati débarque au stand de son frère, essoufflée.

— Fati ? Qu'est-ce que tu fais là ? demande Souhayl. Tout va bien ?

— Souhayl... dit Fati, en tenant un papier dans la main.

— Bah qu'est-ce qu'il y a, soubhanallah, dépêche, on a pas mal de travail là, Fati !

— Tu as été admis à l'Academy, Souhayl ! hurle Fati. Un monsieur s'est présenté à la maison pour nous remettre cette lettre d'admission à ton nom !

FICHE PERSONNAGE

PRÉNOM : Youssouf

ÂGE : 11 ans

PERSONNALITÉ : Orphelin depuis l'âge de 6 ans, Youssouf a été recueilli par les parents de 'Omar. Particulièrement optimiste, il est aussi doté d'une forte détermination. Pour lui, rien n'est un problème ! Mais, quand il est face à une personne injuste ou orgueilleuse, il a tendance à vouloir régler la situation par la force.

RAPPORT À L'ACADEMY : Il veut l'intégrer pour devenir le meilleur menuisier du royaume.

PLAT PRÉFÉRÉ : Les sushis délicatement trempés dans la sauce sucrée.

AUTRE : Il fait tous les jours 100 pompes et 100 tractions.

CHAPITRE 12 : LE 1ER ADMIS À L'ACADEMY

Fati a crié si fort que l'information s'est propagée comme une trainée de poudre. Toutes les personnes présentes au marché savent désormais que Souhayl vient d'être admis à l'Academy.

L'atmosphère est tendue et les stands se sont tous mis à l'arrêt en une fraction de seconde. Le bourdonnement des machines et le crépitement des aliments abandonnés sur le feu sont les seuls bruits que l'on perçoit dans l'avenue.

Passé le premier choc, chacun veut voir de plus près à quoi ressemble un élève admis à l'Academy. Pour se rapprocher de Souhayl, les passants et les élèves loin du stand du Venti Freeze 3000 se faufilent dans la foule qui commence à chuchoter.

Souhayl, lui, n'en revient toujours pas. Il s'assoit par terre, le regard vide, sans prêter attention à la foule qui s'agglutine autour de lui.

— Je crois que t'es le premier admis de toute la ville ! dit Youssouf à Souhayl, toujours sous le choc. Tu es peut-être même le seul...

— Subhanallah, Souhayl ! Tu réalises ce qu'il t'arrive ?! crie 'Omar, en secouant son ami par les épaules. Tu es admis à l'Academy !!! Regarde autour de toi ! Tout le monde veut être à ta place !! Allez, relève-toi et profite de cette nouvelle !

Balancé d'avant en arrière par 'Omar, Souhayl se laisse bercer par les secousses, tout en regardant vers le sol. Soudainement, il se relève d'un bon et sort précipitamment de son stand.

— Hey ! Tu vas où ?! crie 'Omar, encore déstabilisé par le changement d'humeur de son ami.

Souhayl marche d'un pas ferme vers le stand de la direction :

— As-salamu 'alaykom, monsieur le directeur !

— Wa 'alaykom as-salam wa rahmatullahi wa barakatuh Souhayl. Nous avons appris, comme tout le marché à priori, l'annonce de ton admission. Alors, comment te sens-tu ?

— Monsieur le directeur ! Est-ce que j'ai le droit de refuser mon admission à l'Academy ?

— Personne ne peut....

« BOOOOUM »

Sortant de nulle part, un parent d'élève vient subitement de frapper de toute sa main sur la table du directeur.

— C'EST INADMISSIBLE !!! s'écrie le parent. Comment ce moins que rien peut-il être admis à l'Academy, alors que mon fils ne l'est pas ?

Le marché entier se retourne vers ce nouveau spectacle. Pendant que les gens s'attroupent autour du stand de la direction, des voix de soutien en faveur de ce parent commencent à se faire entendre.

— Je prépare mon fils Talha depuis sa naissance, continue le parent. Je suis moi-même un ancien élève de l'Academy et j'ai tout mis en œuvre pour garantir l'admission de mon fils ! À 3 ans, il savait déjà lire et à 5 ans, il écrivait ses premiers vers de poésie ! Il n'a jamais reçu ne serait-ce qu'un soupir de la part de ses professeurs, sans compter ses notes qui laissent perplexes même les plus doués. Il excelle en natation et en lutte ! Et pour couronner le tout, il consacre un jour par semaine à une association. Avec sa mère, nous avons sacrifié chaque jour et chaque heure de ces 11 dernières années. Ceci, uniquement dans l'attente des admissions à l'Academy !

Les mains posées sur la table, le directeur écoute attentivement les paroles de ce parent sans l'interrompre. Alertés par le bruit violent entendu quelques secondes auparavant, les passants s'attroupent autour du stand de la direction. Les intendants sont sur leurs gardes, prêts à intervenir à tout moment.

— Et aujourd'hui, on apprend quoi ? Que c'est cet enfant négligent et en total décrochage scolaire qui est admis à l'Academy ? Un enfant qui a si peu de respect pour notre système éducatif, qu'il ose venir personnellement vous demander d'annuler son admission ? Mon fils, lui, a un profond respect pour le Royaume et ses institutions. Je lui ai tout appris de mon passage à l'Academy. De tous les enfants du Royaume, c'est sûrement le plus à même de l'intégrer ! Je lui ai même dit la vérité sur...

— Je pense que tu en as assez dit Khalid, interrompt le directeur. Je comprends sincèrement ta déception, mais cette décision ne m'appartient pas. Elle a été prise au niveau du Royaume, et je n'ai aucune responsabilité concernant l'admission de Souhayl.

Tout le monde regarde avec stupéfaction cette scène surréaliste. Même Souhayl, qui s'est présenté au stand du directeur avec détermination, regrette maintenant de devoir vivre cet échange de si près.

Après un court silence, le directeur se lève de sa chaise. Sa stature imposante impressionne Khalid qui fait un pas en arrière.

— Maintenant, poursuit le Directeur, je vais être aussi transparent avec toi, Khalid, que tu viens de l'être avec moi. Sache que nous, c'est à dire moi comme toute l'équipe pédagogique d'Ibn Badis, savions que ton fils ne pourrait jamais intégrer l'Academy.

— Allahu akbar ! s'énerve Khalid, le visage rouge. Vous êtes donc tous jaloux de ma réussite ? Vous ne voulez pas que mon fils suive les traces de son père ?

Khalid se met à bomber le torse, puis fixe le directeur droit dans les yeux.

— Je crois que vous ne savez pas à qui vous vous adressez, monsieur le directeur. Je ne suis plus le jeune garçon que vous aviez comme élève. Depuis ma sortie de l'Academy, j'ai gravi les marches seul et aujourd'hui, je détiens la plus grande société de logistique navale de la région ! D'un claquement de doigt, je peux arrêter l'ensemble des marchandises qui circulent dans un rayon de 200 milles nautiques !

— Calme-toi Khalid, dit Sofiane, le père de 'Omar, qui s'est faufilé jusqu'au stand du directeur après avoir été alerté par les cris.

— Me calmer ?! Tu devrais plutôt me soutenir Sofiane !

— Je crains que ce bas monde ne t'ait distrait Khalid, répond le père de 'Omar.

— C'est ce que répondent les jaloux.

— Ça suffit ! lance le directeur d'un ton sec. Dis-moi, Khalid, un souvenir me revient soudainement… tu te souviens quand ton fils Talha était en deuxième année de Primaire ? Un jour, pour le cours de travaux manuels, il a présenté à sa classe une reproduction du viaduc de Garabit.

— Je ne vois pas le rapport avec notre discussion, mais naturellement, je m'en souviens ! Nous sommes allés chercher une copie des plans originaux à la Bibliothèque Royale et il a passé ses deux semaines de vacances à sa réalisation, en utilisant pour seuls matériaux de la colle et des allumettes !

— Haha, c'était impressionnant, en effet ! Mais tu sais, son professeur nous a remonté que, lorsque les enfants ont appris qu'ils devaient réaliser une construction, Talha s'est transformé. Son professeur déclare avoir vu sur son visage un sourire qu'il n'avait jamais exprimé avant ce jour.

Tout en racontant l'histoire, le directeur sort de son stand et marche d'un pas léger en direction de Khalid.

— Alors, pour chercher à en savoir plus, le professeur a demandé à Talha ce qu'il voulait construire et s'il souhaitait le faire en équipe. Étonnamment, Talha lui a répondu, toujours avec son nouveau sourire, qu'il allait rejoindre le groupe de 'Omar, Souhayl, Anas, Youssouf et...

Le directeur saisit sa longue barbe avec deux doigts et marque une pause pour réfléchir.

— Et Ayoub, oui c'est ça, c'était Ayoub, reprend le directeur. Donc, Talha a dit qu'il allait rejoindre leur équipe pour construire une fusée si puissante qu'elle atteindrait Saturne ! Et jusqu'à la sortie des classes, les enfants riaient et commençaient à se répartir les tâches. Talha, d'habitude sérieux et réservé, était si heureux ce jour-là que ça a surpris son professeur. C'est pour ça qu'il est venu m'en parler.

— Je m'en souviens de cette fusée ! intervient Sofiane en riant. 'Omar m'a très sérieusement demandé de lui acheter un vrai moteur de fusée pour impressionner ses amis ! Mais je ne savais pas que Talha faisait partie du projet !? Les enfants ont passé les vacances à la maison pour fabriquer la fusée, mais je n'ai pas le souvenir de l'avoir vu.

— Moi aussi, je m'en souviens, dit timidement Souhayl.

— En effet, répond le directeur, au retour des vacances, Talha est revenu en classe avec le visage fermé et sérieux qu'on lui connaissait. Et quand l'heure de dévoiler les travaux est arrivée, Talha a présenté une reproduction du viaduc de Garabit. Étonné, son professeur lui a demandé pourquoi il n'avait pas travaillé sur la fusée avec ses amis. Tu veux connaître sa réponse, Khalid ?

Sofiane, Souhayl et les autres personnes présentes regardent Khalid, tandis qu'il garde le silence.

— Très bien, continue le directeur, je vais te rafraîchir la mémoire. Talha a répondu à son professeur qu'il avait eu un moment de relâchement et qu'il s'en excusait. Puis, il a soutenu à son professeur qu'il était là pour entrer à l'Academy. Que cette Academy formait l'élite et que l'élite ne fabriquait pas de fusée imaginaire.

— En effet, répond Khalid, je me souviens deTalha m'ayant présenté cette folle idée de fusée, comme si les travaux manuels étaient un jeu. Je l'ai donc invité à se ressaisir et nous avons réfléchi ensemble à une construction plus utile.

— Subhanallah, dit Sofiane, je comprends pourquoi le directeur savait que ton fils n'intégrerait pas l'Academy.

— Tu vas t'y mettre toi aussi ?! s'agace Khalid.

— Tu as toujours été quelqu'un de très à cheval sur les études Khalid, dit le directeur. Je me souviens de tes parents venant me demander conseil pour que tu acceptes de sortir jouer avec tes camarades. Mais tu t'y refusais. Tu préférais trouver refuge dans les livres et tu avais en toi cette brûlante envie d'être le meilleur.

— En effet, c'est ce qui m'a permis d'être l'homme que je suis et c'est ce que j'inculque à mon fils.

— Et qui te l'a inculqué à toi ?

— Personne, wa al hamdulillah, Allah m'a créé avec cette détermination.

— Voilà pourquoi tu as été admis à l'Academy. Tu étais toi-même, quitte à être pris en moquerie. Mais qu'en est-il de ton fils ? Quelle est sa personnalité ? Pourquoi l'Academy ferait-elle entrer la mauvaise copie d'un élève qu'ils ont déjà intégré ? Finalement , Souhayl tient plus de toi que ton propre fils Khalid, car il suit sa propre voie sans tenir compte de l'avis des autres. Si tu avais laissé Talha exprimer sa personnalité, il aurait peut-être, lui aussi, reçu son admission aujourd'hui.

Le visage de Khalid devient rouge et ses dents serrées laissent apparaître les muscles de sa mâchoire pulsant au rythme de sa colère.

— Je tiens de lui, moi ? demande Souhayl, l'air moqueur. Je préfère encore tenir de...

« PAAF ! »

Talha, qui écoutait discrètement les échanges, n'a pas pu retenir son poing qui s'est jeté sur le visage de Souhayl.

— Ton admission ne te donne pas le droit de te moquer de mon père, Souhayl !

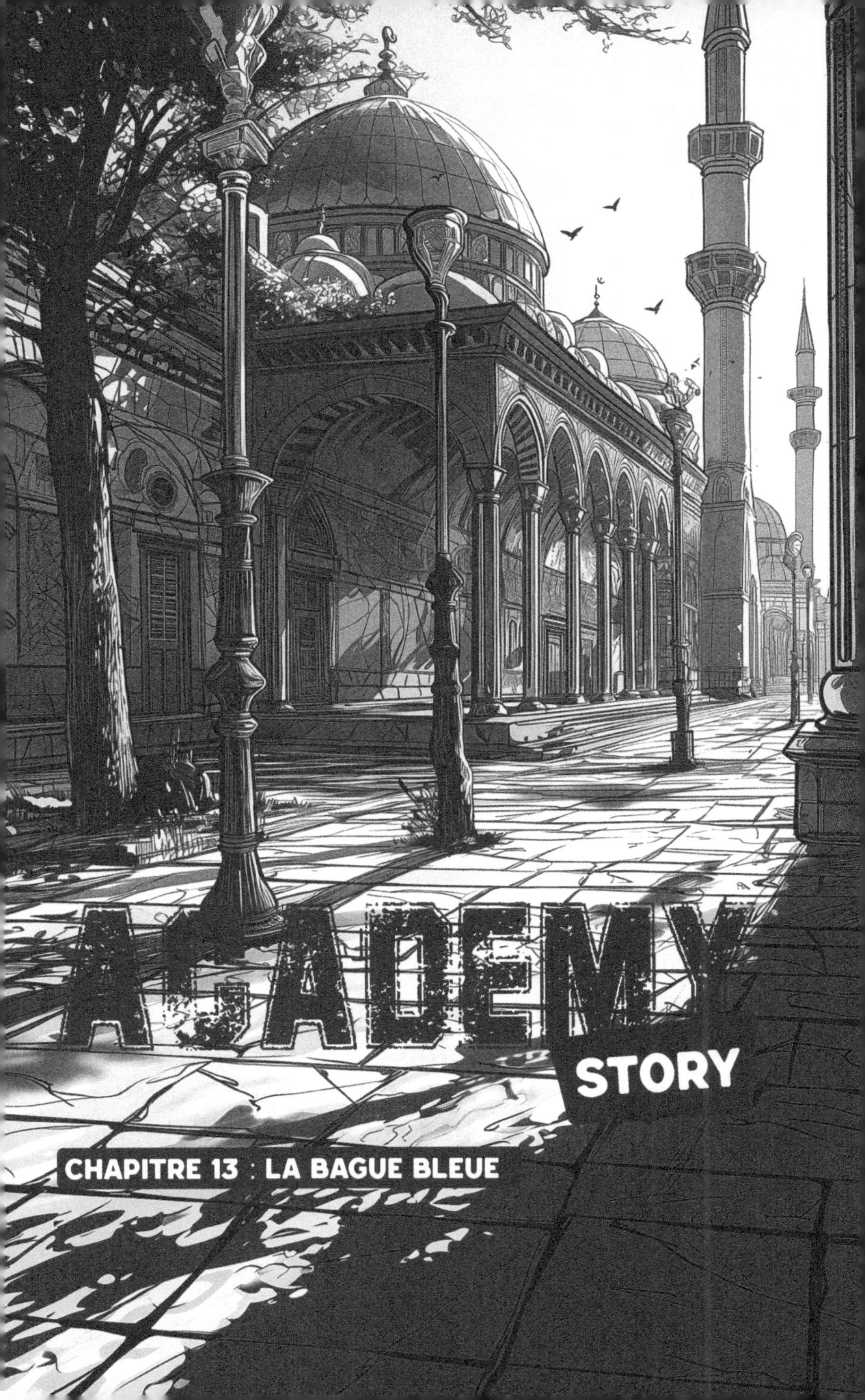

CHAPITRE 13 : LA BAGUE BLEUE

Sonné par le coup de poing, Souhayl relève doucement la tête en direction de Talha, silencieux.

— Vous allez continuer encore longtemps à vous en prendre à mon père ? demande Talha, en se tournant vers le stand du directeur.

— Talha ! lance sévèrement son père, excuse-toi auprès de Souhayl et ne parle pas sur ce ton à ton directeur !

— Mais Abi ? T'as entendu tout ce qu'ils ont dit sur toi ??

— Ça suffit, Talha !

Debout devant son fils, Khalid ressent secrètement une immense fierté. Ses sentiments se bousculent et il comprend que Talha renferme une force de caractère qu'il ne soupçonnait pas. En regardant affectueusement son fils, il refait le fil de ces 11 dernières années en tant que père. Plus il y pense, plus sa culpabilité lui rend difficile de continuer à regarder Talha dans les yeux.

— C'est de ma faute, monsieur, intervient Souhayl, tout en se tenant la joue. Hey, Talha ! T'as bien fait de m'en mettre une haha, je l'ai bien cherché. J'aurais fait pareil si t'avais dit du mal de mon père ! Je crois qu'on se ressemble plus qu'il n'y paraît. Ce serait chouette de passer un peu de temps ensemble pendant les vacances. Quand tu pourras, viens jouer avec nous !

À ces mots, Khalid baisse légèrement la tête, ses épaules s'affaissent. La proposition de Souhayl vient d'enfoncer un dernier coup dans sa poitrine déjà fragile. Il réalise que Souhayl et ses amis, tout comme le directeur, ne voulaient que le bien pour son fils. Mais à cause de ses principes et de son ambition, Talha a passé toute son enfance à vivre une vie d'adulte. Une larme force le passage à travers son œil quand il prend conscience que ce temps volé à son fils ne pourra plus être récupéré.

— Jouer ? répond Tahla, tu penses que...

— Évidemment qu'il va venir jouer avec vous ! répond Khalid en interrompant son fils. Monsieur le directeur, veuillez accepter mes excuses, je crains que mes paroles n'aient dépassé ma pensée.

— Tu es excusé Khalid, répond le directeur.

— Le Maghreb approche. Est-ce que Talha peut ranger son stand pour qu'on puisse rentrer ?

— Oui, dit le directeur, vous pouvez y aller.

— Va ranger ton stand, Talha, dit Khalid, je t'attends dans la voiture.

Alors que Talha repart vers son stand, Khalid se baisse vers Souhayl et pose sa main sur sa joue encore rouge.

— Je suis désolé pour le comportement de Talha et je m'excuse aussi pour le mien. Le directeur m'a fait comprendre certaines choses et j'ai pas mal de travail à faire sur moi.

— C'est plutôt moi qui m'excuse, monsieur.

— Fais attention à toi, Souhayl, dit Khalid d'une voix basse, à partir d'aujourd'hui, tu es la cible des envieux. Tu as certainement mérité ta place à l'Academy. Mais garde en tête qu'aux yeux des gens, tu es celui qui a pris la place de leurs enfants.

— Oui, monsieur.

Khalid regarde Souhayl dans les yeux, hésitant. Sofiane et la direction observent de loin la scène. Puis, Khalid s'approche de l'oreille de Souhayl et lui murmure :

— Quand tu seras à l'Academy, prends garde à l'homme à la bague bleue.

— À la bague bleue !? s'écrie Souhayl, étonné.

Khalid soupire face à l'absence de discrétion de Souhayl, puis s'en va pour prendre la direction de sa voiture.

En voyant Khalid partir, Sofiane le rattrape et lui emboîte le pas.

— Dis Khalid, pourquoi Souhayl a parlé de bague bleue, qu'est-ce que tu lui as dit exactement ?

— Je me suis senti coupable de mes propos envers lui, alors, j'ai voulu lui donner un petit coup de pouce.

— Et si l'Academy apprend que t'as voulu donner un coup de pouce ? Et si son père l'apprend ?

— Je sais et j'ai hésité... tu sais Sofiane, quand le directeur a dit que Souhayl tenait plus de moi que mon fils, ça m'a mis dans une colère noire. Puis, quand Talha a frappé Souhayl, j'ai vu dans le regard de Souhayl un mélange d'empathie et de soulagement. Comme s'il était content que Talha lâche prise.

— Moi aussi, j'ai vu ce regard, répond Sofiane, il m'a bizarrement fait froid dans le dos.

— À moi aussi, et je pense que c'est parce que la dernière fois que j'ai vu ce regard, c'était dans les yeux de son père, Ismaïl.

— Mais oui ! Maintenant que tu le dis ! C'était le même regard !!

— Tu sais, quand j'ai appris que Talha serait dans la classe de son fils et du mien, j'étais heureux pour lui, pour eux tous.

— Pareil ! Je me suis demandé s'ils allaient former le même groupe que nous, haha !

— Je pensais que j'allais voir de mes yeux la relève avancer ensemble vers la réussite. Mais plus le temps passait, plus je voyais l'attitude de Souhayl face aux études et plus j'étais en colère. Je ne comprenais pas comment le Ismaïl que j'admirais enfant pouvait laisser son propre fils dans un tel état de décrochage.

— Il a fait ce qu'il a pu. Mais il ne voulait pas contraindre son fils à devenir un élève modèle alors qu'il n'en avait pas l'ambition.

— C'est exactement ce que j'ai compris en écoutant le directeur. Mais est-ce qu'Ismaïl avait raison de lui donner autant de liberté ? Parce qu'au final, regarde ce que l'Academy a fait de lui.

— Attends ! La bague bleue !! Ne me dis pas que c'est par rapport a Ismaïl !?

— Pourquoi tu penses que je lui en ai parlé alors ?

— Ismaïl ne va pas être content s'il l'apprend.

— Le moins que je puisse faire, c'est d'éviter qu'il arrive à ce petit ce qui est arrivé à son père.

Sur le marché, devenu silencieux en l'espace de quelques secondes, seul le souffle du vent est perceptible. Les élèves et les clients présents venaient de vivre un véritable ascenseur émotionnel en l'espace de quelques minutes, et il leur fallait un peu de temps pour reprendre leurs esprits. Peu à peu les langues se délient et chacun y va de son opinion. Le silence devient brouhaha, et l'agitation redevient la norme. L 'intendant Bortuqal prend la parole dans le micro :

— Je demande l'attention de l'ensemble des participants au défi Business ! Je vous remercie pour cette journée, vous avez travaillé dur et les retours clients sont globalement très positifs ! Néanmoins, cette première journée prend fin. Je vous invite donc à ranger vos stands et à déposer vos caisses. Toutes les caisses devront nous être remises avant l'adhan du Maghreb. Barakallahu fikom et nous vous donnons à tous rendez-vous demain matin, pour le dernier jour des ventes !

L'ensemble des stands tenus par les élèves s'agitent pour tout ranger avant l'adhan. Sur le stand du Venti Freeze 3000, Souhayl est tendu. Il se lève, marche, et se rassoit en gigotant la jambe. Puis, il se relève et dans un élan, alors que 'Omar et Youssouf s'activent à ranger le stand, Souhayl monte sur la table et crie :

— Venez vous rafraîchir avec un Venti Freeze 3000 !

— Troop bien ! crie Haroun en regardant son frère, on va encore avoir de l'action ! Vas-y Souhayl, lâche-toi !!

Le marché s'arrête pour se retourner vers Souhayl.

— Mais qu'est-ce que tu fais Souhayl !? demande Youssouf. Arrête et descends de la table, le marché est terminé !!

— Vous ne voulez pas me voir rentrer à l'Academy ? crie Souhayl à la foule tournée vers son stand. Eh bien moi non plus ! Venez vous rafraîchir avec un Venti Freeze 3000 pour que je puisse gagner ce concours et quitter définitivement l'école !!

— Descends de cette table Souhayl ! demande d'une voix ferme le directeur qui s'est personnellement déplacé jusqu'à son stand. La journée est terminée, tu ne peux plus faire de vente.

Souhayl s'exécute et descend de la table, renfrogné.

— Tout à l'heure, tu m'as posé une question Souhayl, dit le directeur, mais nous avons été interrompus. Tu m'as demandé si tu pouvais décliner ton admission à l'Academy. Malheureusement, tu ne peux pas la refuser. Par contre, le Royaume peut l'annuler à tout moment. En effet, ils peuvent la retirer à n'importe qui et par de multiples moyens. J'ai même connu par le passé un admis qui a reçu une lettre d'exclusion quelques heures après avoir reçu sa lettre d'admission. Mais te concernant, le seul moyen que tu as de contrôler un tant soit peu la situation, c'est d'essayer de gagner ce défi. Le Royaume a promis de donner la liberté de quitter l'école au gagnant et le Roi n'a qu'une parole.

— Je vends des ventilateurs, dit Souhayl, alors, je vais multiplier les invocations pour que demain soit une journée chaude, monsieur le directeur.

— Certes, répond le directeur avec un léger sourire, Allah répond à l'invocation de celui qui L'invoque.

Après avoir terminé de remballer les affaires, plier la table du stand, et ranger soigneusement le tout, les enfants aperçoivent leurs pères respectifs au loin qui leur font signe de la main. Vêtus de leur qamis, ces derniers viennent les chercher juste à temps pour se rendre à la mosquée. À la sortie de la prière, la nuit commence doucement à tomber tandis que les enfants, toujours accompagnés de leurs papas, marchent en direction de leurs voitures.

— J'ai toujours cru que ton rejet de l'Academy n'était qu'une posture pour te rassurer en cas de refus, dit 'Omar, en regardant sérieusement Souhayl. Mais là, en te voyant, je comprends pourquoi ils t'ont choisi.

— Ah bon ? Tu pensais que secrètement j'avais envie d'y aller ? Et toi, Youssouf, ça va ? Je sais que tu rêvais d'y entrer depuis que les parents de 'Omar t'ont recueilli...

— Al hamdulillah, répond Youssouf, mais qui te dit que je ne suis pas admis ? Je n'ai reçu aucune lettre venant d'aucune école, donc rien n'est perdu ! Et en plus, en faisant équipe avec toi, je te rappelle que j'ai accepté de quitter l'école pour me donner à fond dans la menuiserie. Alors, on a intérêt à gagner demain !!

En retrait des enfants qui discutent, Sofiane interpelle Ismaïl.

— Bah alors, Ismaïl, dit Sofiane, toi qui as tout fait pour cacher ton passé, voilà que Souhayl entre à l'Academy, haha. Comment tu vas gérer ? Tu vas lui en parler ?

— Al hamdulillah, répond Ismaïl, il a déjà compris que je suis passé par l'Academy.

— Sérieusement !? interroge Sofiane, surpris.

— Oui... Sa mère avait décidé de ne pas se débarrasser de ma lettre d'admission et ce qui devait arriver est arrivé : Souhayl est tombé dessus.

— Hahaha ! J'aurais trop aimé voir ta tête quand il te l'a dit ! Alors tu lui as tout raconté ?

— Il sait juste que j'ai été admis, puis retiré de la liste des anciens élèves. Il m'a travaillé au corps pour en savoir plus. Mais on a convenu que s'il voulait avoir des réponses, il devrait les trouver par lui-même.

— Je te reconnais bien là, dit Sofiane en tapant dans le dos de son ami. Souhayl ! Tu peux venir, s'il te plaît ?

Tous les enfants se retournent et s'arrêtent pour attendre les adultes.

— Je n'ai appelé que Souhayl, dit Sofiane en souriant, les autres, continuez, on arrive, inchallah.

Une fois que Souhayl arrive au niveau de Sofiane et de son père, Sofiane lui dit :

— C'est la première fois que je vois un enfant refuser d'entrer à l'Academy. Tu me laisses confus et je ne sais pas si je dois te féliciter ou te consoler.

— Barakallahu fik, Tonton.

— En tous cas, sache que tu en sortiras totalement différent, inchallah. Maintenant, je vais te dire un secret que tu ne dois pas révéler d'accord ?

— Oui, Tonton.

— Ton père et moi sommes entrés ensemble à l'Academy, et je ne perds pas espoir que 'Omar et Youssouf poussent les portes de l'Academy avec toi à la rentrée.

— C'est vrai, Abi ?! demande Souhayl, en se retournant vers son père. Tu es entré à l'Academy avec Tonton Sofiane ?

Tout en marchant, Ismaïl regarde brièvement Souhayl, avant de détourner ses yeux.

— On en a déjà parlé Souhayl, dit Ismaïl. Il va falloir que tu trouves tes réponses tout seul.

— Sois pas si dur avec ton fils Ismaïl !

— Sofiane, arrête d'attiser la curiosité de mon fils, s'il te plaît !

— J'ai hâte que tu mènes ton enquête, Souhayl ! 'Omar, Youssouf, attendez-moi ! Je vous laisse, repose-toi bien Souhayl, une grande journée t'attend demain !

— As-salamu 'alaykoum, Tonton !

L'annonce de son entrée à l'Academy a fini d'achever Souhayl qui est déjà bien fatigué après tout ce qu'il a vécu les heures précédentes. Suivi par son père qui lui emboîte le pas, Il fait une pause devant la porte avant de l'ouvrir et de passer le salam en annonçant d'une voix ferme :

— Que personne ne me parle de l'Academy tant que le défi Business n'est pas terminé !

— Pardon ?!! crie sa mère depuis la cuisine.

Elle se rue d'un pas décidé dans le salon en direction de Souhayl.

— Tu es admis à l'Academy et tu me parles encore de ce concours de ventilateur ?! C'est fini maintenant, je vais vite te remettre les idées en place !!

Souhayl, en voyant sa mère arriver en furie vers lui, prend les devants et monte en courant dans sa chambre.

— Souhayl est dans notre chambre, Oummi ! lance Haroun. Tu n'as qu'un mot à dire et je monte faire le garde pour m'assurer qu'il aille nulle part !

Alerté par le bruit, Ismaïl entre dans le salon et retient la main de sa femme qui s'apprête à monter les marches menant à l'étage.

— Mais nan, Abi ! Pourquoi !? Laisse-la faire, ça va mettre un peu d'ambiance, désespère Haroun.

— Ismaïl ! Laisse-moi m'occuper du petit ! gronde la mère de Souhayl, J'en peux plus de cette histoire de quitter l'école, d'abandonner les études et de faire... Je ne sais même pas ce qu'il veut faire !

— Oui Abi, tente Haroun, laisse Oummi s'occuper de Souhayl !

— Non, Abi, tu as raison, intervient Fati, en dégustant la scène depuis le canapé. Je préfère éviter qu'on lui remette les idées en place à lui ! Si on le laisse gérer tout seul, il y a des chances qu'il se fasse virer de l'Academy avant même d'y être entré ! Franchement, je comprends pas pourquoi ils l'ont admis !!

Ismaïl s'approche de sa femme et lui chuchote quelques mots dans l'oreille. La mère laisse tomber le chausson et demande :

— T'es sûr de toi, Ismaïl ?

— Oui, je ne vois pas d'autres issues.

— Mais naaan !! Qu'est-ce que tu lui as dit, Abi !? désespère Haroun, en voyant sa chance d'assister à la réprimande de son grand frère s'envoler. Écoute Oummi, il est pas trop tard ! Je peux encore monter te garder Souhayl au chaud !

— Allez, ça suffit les enfants, calmez-vous, lance la mère. On va passer à table avant Al Ichaa. Fati, va appeler Souhayl. Haroun, commence à mettre la table.

Au cours du dîner , Haroun brise le silence pour revenir sur cette première journée de vente.

— Vous me demandez même pas comment s'est passée ma journée à moi ! s'insurge Haroun. Pourtant j'étais l'acteur principal du stand de Souhayl !!

— Hein ?!... répond Souhayl en manquant de s'étouffer.

— Dis nous mon cœur, lui dit sa mère, comment s'est passée ta journée au marché ?

— Et bien, tu vas pas me croire ! lui répond Haroun en se redressant plein d'enthousiasme, j'étais la star du marché !! Je faisais des allées et venues aux environs du stand en chantant et les gens s'arrêtaient pour m'écouter ! T'imagine même pas le nombre de clients que j'ai renvoyé vers Souhayl !! Mais ça c'était jusqu'au moment où il ferme son stand...

— Ah oui ! répond le père, Sofiane m'a raconté que 'Omar a rejoint ton équipe parce que vous aviez eu un souci de ventilateur c'est ça ? Vous l'avez réglé c'est bon ?

— Comment tu peux avoir un problème de ventilateur alors que c'est ça que tu vends ! répond Fati en pouffant de rires.

— Vas y, moque toi, soupire Souhayl, j'aurai bien aimé t'y voir toi à devoir gérer des dizaines de clients fâchés. En tout cas el hamdulillah tout est rentré dans l'ordre inchallah. 'Omar nous a rejoint, et il nous a apporté un stock de ventilateurs fonctionnels. On a tout démonté et remonté et maintenant, on est prêt pour remporter ce concours !!

FICHE PERSONNAGE

PRÉNOM : 'Omar

ÂGE : 11 ans

PERSONNALITÉ : Compétiteur dans l'âme, 'Omar est prêt à tous les sacrifices pour atteindre ses objectifs. Il déteste qu'on lui rappelle la réussite de son père, l'homme le plus riche de la ville. Il rencontre des difficultés à accepter l'autorité, mais il craint profondément Allah.

RAPPORT À L'ACADEMY : Il veut intégrer l'Academy pour prouver qu'il peut réussir sans l'aide de son père.

PLAT PRÉFÉRÉ : Les penne aux 4 fromages.

AUTRE : Il aime trouver refuge dans la prière une partie de la nuit.

ACADEMY
STORY
CHAPITRE 14 : DERNIER JOUR DES VENTES

Le lendemain matin, Souhayl, gonflé à bloc et déterminé à ne pas revivre la même journée que la veille, retrouve de bonne heure Youssouf et 'Omar au marché. Tous les trois marchent en silence, mais chacun est conscient de l'enjeu qui repose sur cette journée décisive. Ils traversent la longue avenue pendant que les vendeurs s'affairent, de part et d'autre de la route, à préparer leur marchandise. Alors qu'ils arrivent au niveau de leur stand, les enfants découvrent avec surprise une centaine de clients qui attendent patiemment l'ouverture de leur boutique.

— Allahu akbar ! crie Youssouf, en voyant de loin la foule entassée devant leur stand. C'est quoi tout ce monde ! J'espère qu'ils ne viennent pas tous nous rapporter leur ventilateur !

— Non, répond 'Omar, on n'a pas eu autant de clients hier. Je pense plutôt que ce sont des curieux venus voir à quoi ressemble l'admis qui refuse son admission.

— Al hamdulillah ! dit Souhayl, mes invocations ont sûrement été exaucées parce qu'il fait super chaud ! Peu importe qu'ils soient là pour me voir, on ne va pas les laisser partir sans un ventilateur, incha Allah ! T'es prêt Youssouf ?

Les enfants se fraient un passage au milieu de la foule excitée de les voir arriver.

— As-salamu 'alaykoum ! Attention, pardon, laissez-nous passer s'il vous plaît, on prépare le stand et on est à vous dans une minute inchallah.

Arrivés à leur stand, les enfants jettent un œil à la foule tassée face à eux. Les clients sont si nombreux qu'ils ne voient plus le reste du marché.

— As-salamu 'alaykoum, je veux 3 ventilateurs, s'il vous plaît les enfants ! lance un client impatient.

— On arrive, monsieur, nous ne sommes pas encore prêts ! répond Youssouf.

Youssouf se retourne vers ses amis, l'air angoissé.

— En plus d'être nombreux, ils sont super pressants ! Je me sens comme jeté dans la fosse aux lions. Il nous faut un plan !

— T'inquiète Youssouf, dit Souhayl. Hier, on a fini de monter tous les ventilateurs, donc ça devrait aller. Je propose que toi, Youssouf, tu réceptionnes les clients et que tu leur vendes un max de ventilateurs ! Et toi, 'Omar, tu peux sortir gérer le flux de clients pour éviter les débordements ! Moi, je fais la préparation des commandes et les encaissements pour éviter d'être trop près de la foule, on sait jamais. Ça vous va ?

— Oui, c'est bien comme ça, répond 'Omar. T'inquiète, Youssouf, je ferai en sorte que les clients ne te sautent pas dessus, tu auras un garde du corps aujourd'hui haha !

— Oui, Al Hamdoulillah, dit Youssouf, en commençant son travail de vendeur, ça ira mieux inchallah.

—Al Hamdoulillah, dit Souhayl, c'est parti ! Et qu'Allah mette la baraka dans cette journée !

— Amine !!!

Chaque enfant prend sa position pour l'ouverture des ventes. 'Omar quitte le stand pour s'assurer qu'il n'y ait pas de débordement et Souhayl commence à préparer les ventilateurs. Youssouf, quant à lui, se met face à la table pour réceptionner les premiers clients.

— As-salamu 'alaykoum monsieur, lance Youssouf au premier client. Vous sentez cette chaleur de si bon matin ? Vous voulez peut-être vous rafraîchir avec l'un de nos Venti Freeze 3000, n'est-ce pas ?

— Wa 'alaykoum as-salam wa rahmatoullahi wa barakatouh, je veux trois ventilateurs, s'il te plaît. Non... plutôt quatre ! Oui, mets-en moi quatre, BarakAllahou fik.

— Quatre ? répond Youssouf, perplexe. Heu, très bien, tout de suite, monsieur ! Ça fera 20 dinars. Souhayl ! Quatre Venti pour le monsieur !

— As-salamu 'alaykoum, madame est-ce que...

Youssouf n'a pas le temps de terminer sa phrase d'approche que la cliente l'interrompt :

— Je veux deux ventilateurs, s'il te plaît.

— Entendu madame, Souhayl ! Prépare deux...

— Et moi j'en veux trois !! dit à voix haute un autre client.

— J'arrive monsieur, j'encaisse la dame et je suis à vous. Souhayl, deux Venti pour madame et trois pour le monsieur derrière !

Pendant que Youssouf et Souhayl tiennent tant bien que mal la cadence, 'Omar entend des chuchotements venir des clients qui attendent un peu plus loin. Discrètement, il longe la queue en tendant l'oreille pour essayer de comprendre ce qu'il se trame. Arrivé au niveau des chuchotements, il se concentre pour percevoir ce qu'il se dit.

— J'espère que ceux de devant ne font pas les radins ! dit l'une des personnes à son voisin.

— Il faut impérativement que cet enfant gagne le concours pour qu'il puisse quitter l'école !

— Cet enfant ne mérite pas sa place à l'Academy, j'achèterai 50 pièces de son machin s'il le faut ! Et j'espère que les autres en feront autant !

Les choses deviennent claires pour 'Omar. Il remonte d'un pas vif et déterminé toute la queue pour rejoindre Youssouf et Souhayl. Arrivé au stand, alors que Youssouf échange avec un client, 'Omar interpelle Souhayl :

— La hawla wa la quwata ila billah. On a une urgence.

— Qu'est-ce qu'il t'arrive 'Omar ? demande Souhayl, t'es tout blanc.

— Youssouf ! crie 'Omar, viens voir s'il te plaît, c'est important !

Youssouf laisse son client et se tourne vers ses amis :

— Souhayl, celui-là veut cinq Venti Freeze ! Je sais pas ce qu'il se passe mais si ça continue, on risque fortement d'écouler notre stock avant la fin de la matinée ! Alors 'Omar, qu'est-ce qu'il y a ?

— Écoutez-moi, dit 'Omar, le visage sérieux, sortez avec moi du stand, c'est urgent.

Les enfants sortent du stand et s'écartent des clients qui ne comprennent pas pourquoi les enfants ont laissé le stand vide.

— J'ai entendu les clients parler entre eux dans la queue, annonce 'Omar à ses amis, et ils ne sont pas là pour te voir Souhayl. Au contraire, la seule chose qu'ils attendent c'est que tu abandonnes ta place à l'Academy. Ils savent que si tu gagnes le défi, tu décideras de ne pas y aller. Alors, ils ont décidé de nous acheter un maximum de Venti pour qu'on remporte le défi.

— Soubhanallah ! crie Youssouf, ils font tous ces efforts juste pour que Souhayl n'intègre pas l'Academy ! Mais qu'est-ce qui ne va pas chez eux !?

Souhayl lance un regard noir aux clients qui attendent devant la table. Ces derniers, ne comprenant pas ce qu'il se passe, se regardent les uns les autres pour essayer de deviner qui parmi eux est la cible du regard.

— Excusez-moi tout le monde ! lance 'Omar aux clients, on a un léger problème qui nous impose de fermer le stand pour quelques minutes.

— Mais pourquoi vous fermez le stand !? lance un client en colère.

— On est vraiment désolés, mais on sera vite de retour, inchallah !

Pendant que 'Omar essaye de convaincre les clients que l'attente ne sera pas longue, Youssouf tente de calmer Souhayl :

— Je comprends que tu sois en colère. Personne n'aimerait être la cible d'autant de haine, surtout que tu ne leur as rien fait. Mais vois le bon côté des choses !

— Le bon côté ? répond Souhayl, quel bon côté ?!

— Mets de côté une minute ce qui les pousse à être là et dis-toi qu'ils sont en train de t'aider dans ton objectif ! Si on tient ce stand, c'est pour remporter le défi, non ? Derrière, tu as des dizaines de personnes qui veulent la même chose que toi. Et ils sont prêts à payer pour t'aider.

— Soubhanallah, t'as grave raison Youssouf. En plus, je crois que j'ai une idée pour gagner plus vite le défi et me venger d'eux, haha.

— Bon, c’est bon, je crois qu’ils ont compris, dit 'Omar en rejoignant ses amis.

— Écoutez mon idée, dit Souhayl. Vous avez déjà entendu parler de la mécanique de l’offre et de la demande ? Mon père m’a appris qu’un prix se fixe selon le rapport de force entre la désirabilité d’un produit, qui représente l’offre, et la taille du marché cible, qui représente la demande. J’ai compté, et il nous reste 74 ventilateurs. Les clients nous les prennent par lots de 3 ou 4 et la queue est encore immense. Il est donc temps pour nous d’augmenter nos prix !

— Je vois, dit 'Omar. En effet, ça se tient ! Et à combien t'imagines le nouveau prix ?

Souhayl réfléchit. Alors qu’il s’apprête à répondre, Youssouf l’interrompt en jetant son bras devant lui.

— Qu’est-ce que vous pensez de 50 dinars ?! dit Youssouf avec assurance.

— 50 dinars ! répondent en chœur Souhayl et 'Omar, étonnés par la proposition.

— Bah, si j'ai bien compris la mécanique, on vendra des ventilateurs tant que les gens acceptent de payer, non ? Et si les gens trouvent le prix trop cher, c'est que le rapport de force entre l'offre et la demande s'est inversé, je me trompe ?

— C'est tout à fait ça, répond Souhayl, et vu qu'ils sont là pour me voir quitter l'école, je pense que le rapport de force reste à notre avantage. Moi, je suis super chaud Youssouf ! Et toi, 'Omar ?

— Vous êtes fous, mais ça me plaît bien ! J'ai hâte de voir la tête des clients !

— C'est parti ! annonce Souhayl. Tous les Venti Freeze 3000 sont maintenant à 50 dinars !

Les enfants retournent motivés et tout sourire à leur stand. 'Omar prend un marqueur, s'approche de la banderole qui fait face à la queue, monte sur la table et ajoute un gros « zéro » derrière le « cinq » du prix précédent.

—Soubhanallah ! crie un client, c'est un scandale et une arnaque manifeste !!!

En entendant les cris, les autres clients lèvent les yeux vers 'Omar toujours debout sur la table. Ils découvrent avec stupeur le nouveau prix et s'indignent d'une seule voix face à cette augmentation soudaine.

— C'est insensé mon enfant, dit un client pour essayer de temporiser. Ce n'est pas comme ça que l'on fait du commerce. On ne peut pas multiplier par 10 le prix d'une marchandise sans raison.

— La marchandise a changé, répond 'Omar au client.

— Ah bon ? Vous ne vendez plus les mêmes ventilateurs ?

— Si, répond 'Omar, les ventilateurs sont identiques. Mais vous n'êtes pas là pour acheter un ventilateur qui souffle de l'air frais.

— Pardon ? Je ne te suis pas mon garçon. Pourquoi sommes-nous là, à faire la queue depuis ce matin alors ?

— Vous êtes tous là pour acheter le ventilateur qui va souffler Souhayl en dehors du système scolaire, répond 'Omar, avec un grand sourire. Et ce modèle coûte 50 dinars !

ACADEMY
STORY
CHAPITRE 15 : RENCONTRE AVEC LE ROI

Les pas qui frappent le sol en rythme, brisent le silence régnant dans le couloir du Palais Royal. Le Roi, accompagné de sa garde rapprochée, s'avance vers l'un des nombreux salons destinés à recevoir les visiteurs. Le monarque marche lentement, tête baissée. Le subtil mouvement de ses lèvres laisse échapper l'istighfar qu'il répète en boucle. Tout à coup, le groupe s'arrête à la hauteur d'une double porte, haute comme trois hommes.

Deux gardes s'avancent et poussent les lourdes portes qui grincent en harmonie. Par mesure de sécurité, les pièces recevant les invités sont systématiquement vérifiées avant l'entrée du Roi. Une fois le salon entièrement ouvert sur le couloir, les deux gardes pénètrent dans la pièce en scrutant méticuleusement chaque recoin. Derrière les portes, le reste du cortège attend patiemment la fin de l'inspection.

À l'intérieur, Junayd, le nouveau directeur de l'Academy, attend fébrilement le Roi. Assis sur le long canapé en cuir posé au centre de la pièce, il tourne machinalement la bague qui encercle son index droit. Alors que les gardes passent une dernière fois devant Junayd, ce dernier, le visage tourné vers le sol, glisse un regard furtif en direction de la porte.

— Place au Roi ! lance l'un des gardes.

Un lourd silence enveloppe la pièce. À la seconde où il passe la porte, Junayd essuie ses mains moites sur ses cuisses avant de se lever pour le saluer.

— As-salamou 'alaykoum wa rahmatullahi wa barakatouh, votre Majesté.

Le Roi s'approche doucement de Junayd avec un sourire bienveillant. Son visage lisse et sa légère barbe brune ne laissent pas soupçonner qu'il vient de clôturer sa 63ème année. Arrivé au niveau de Junayd, le Roi tend son bras pour lui serrer la main.

— Wa 'alaykoum as salam wa rahmatoullahi wa barakatouh, Junayd. Assieds-toi et raconte-moi : comment se passent les admissions cette année ?

Un majordome entre dans le salon pour servir le thé aux deux hommes.

— Les admissions sont toujours en cours, votre majesté. Les sentinelles présentes dans le Royaume nous ont remonté de nombreux dossiers très prometteurs, Al Hamdoulillah.

— C'est la première fois que l'on se rencontre Junayd, dit le Roi. Quand Oways, ton prédécesseur, t'a recommandé auprès de nous pour lui succéder au poste de directeur, il nous a dit que tu étais le meilleur profil pour apporter du sang neuf à cette institution. Après ta nomination, tu n'as pas eu peur de nous soumettre de nombreuses demandes. Par confiance et respect pour Oways, je les ai toutes acceptées.

— En effet, répond Junayd, qu'Allah fasse miséricorde au directeur Oways et qu'Il vous ajoute en bienfaits pour votre mansuétude à mon égard.

Le Roi se penche pour se servir du thé. Mais avant qu'il n'y parvienne, un garde se précipite vers la table. Puis, d'un geste précis et solennel, il se saisit du verre désiré par le Roi pour lui servir à boire. Tout en buvant une légère gorgée, le Roi fixe Junayd dans le blanc des yeux.

— Si tu me le permets, dit le Roi, j'aimerais comprendre certaines de tes demandes Junayd. Par exemple, pourquoi avoir demandé à tripler le nombre d'admissions cette année ?

— Naturellement, votre Majesté. Vous n'êtes pas sans savoir que jusqu'à présent, seul 0,1% des élèves de dernière année de primaire sont admis à l'Academy chaque année. Cela ne fait qu'un élève sur mille. En passant à 0,3%, je pense pouvoir minimiser le risque de passer à côté de certains profils à fort potentiel.

— Tu sais pourquoi les écoles du Royaume regroupent toujours le Jardin, le Primaire et le Secondaire ? Pourtant, ce n'est pas quelque chose de courant. À l'étranger, tu trouveras généralement ces sections séparées dans des structures qui leurs sont propres.

— Je l'ignore, votre Majesté.

— Réunir toutes les sections au même endroit permet à nos sentinelles de garder un œil sur les élèves depuis leur entrée au Jardin. Et quand nous prenons le dossier d'un élève que l'on connait depuis ses 4 ans, il devient facile pour nous de repérer les profils les plus pertinents pour l'Academy. De plus, nous continuons à suivre les élèves qui n'ont pas été admis durant leur Secondaire pour nous assurer que notre choix a été le bon.

— Qu'Allah vous anoblisse, j'ignorais cette réalité votre Majesté. Néanmoins, cette année, les sentinelles nous ont déjà transmis 1947 dossiers. Wal Hamdoulillah, j'ai pu assez facilement mettre de côté la majorité de ces dossiers. Cependant, il reste quelques élèves pour lesquels un léger doute subsiste.

— Il est fréquemment arrivé à tes prédécesseurs de tester certains candidats après leurs admissions. En effet, certains profils peuvent nécessiter une confirmation qui ne peut être faite qu'après avoir observé leur réaction post-admission. Mais on parle de deux, voire trois cas par an. Quant à toi, tu veux tripler le nombre d'admis.

— Si vous le souhaitez, votre Majesté, je vais continuer à travailler sur les dossiers sélectionnés pour ne pas dépasser les 30 élèves admis, comme l'Academy l'a toujours fait.

— Non, je ne reviendrai pas sur la permission que je t'ai accordée. Mais n'oublie pas que la sélection des élèves est l'une de tes plus grandes responsabilités. Ne me fais pas regretter mon choix, Junayd.

— Je comprends votre inquiétude, votre Majesté. Sachez que je prépare aux admis ce qu'aucun ancien élève n'a vécu. Je veux les tester et les pousser pour faire éclore en chacun d'eux le potentiel le plus enfoui.

— Entendu Junayd, mais j'ai encore une question : parle-moi de cette histoire de défi donnant le droit de quitter l'école ? Je ne comprends pas : d'un côté, tu veux plus d'admis et de l'autre, tu veux autoriser les élèves à quitter l'école ?

— Cette requête a été formulée par 'Abd Ar-Rahman, le directeur d'Ibn Badis, votre majesté. C'était mon directeur lorsque j'étais enfant et j'ai un immense respect, suivi d'une totale confiance en son jugement. Quand j'ai reçu sa demande, j'ai compris qu'il avait une idée très claire en tête.

— Allahu Akbar ! s'étonne le Roi. C'est une idée de 'Abd Ar-Rahman ? Pourquoi ne m'a-t-il pas formulé cette requête en personne !?

— Malgré l'amitié qui vous lie, je pense que 'Abd Ar-Rahman voulait respecter le protocole en demandant l'aval du Ministère de l'Éducation.

— Cette nouvelle m'a mis de bonne humeur, dit le Roi en se relevant. Je ne sais pas ce que trame

'Abd Ar-Rahman, mais ça m'intéresse. Bassal ! Va t'enquérir de cette affaire, s'il te plaît !

De retour sur le marché, la colère des clients face à l'envolée du prix s'est transformée en gêne généralisée suite aux paroles de 'Omar. Tout le monde a réalisé que les enfants avaient vu clair dans leurs intentions et dans les vraies raisons de leur présence. Le client qui venait de débattre avec 'Omar serre désormais les dents.

— 50 dinars tu dis... Finalement, je ne vais en prendre qu'un.

— Tout de suite ! répond Youssouf. Souhayl ! Un Venti pour monsieur !

— As-salamu 'alaykoum, un ventilateur s'il vous plaît, demande un nouveau client. Et toi là, derrière, c'est toi qui as été admis, n'est-ce-pas ?

— Moi ? répond Souhayl en se pointant du doigt. Oui, c'est moi qui ai été admis à l'Academy, pourquoi ?

— Tu vois, là, on est en train de t'aider à remporter ce concours. Mais t'as intérêt à avoir plus de parole que tu n'as eu de bonnes notes. Ici, on attend tous ta démission de l'Academy.

— Tenez monsieur, dit Youssouf, en interrompant le client. Prenez votre ventilateur et laissez avancer ceux qui attendent de passer leurs commandes.

— Non attendez ! s'énerve Souhayl. Je ne vous dois rien ! Ni à vous, monsieur, ni à n'importe lequel d'entre vous qui m'écoute ! Si je remporte ce défi et que je décide d'annuler mon admission, ce n'est pas pour tenir une quelconque parole ! C'est simplement parce que j'en ai envie ! Et si mon envie change, je me ferai un plaisir d'agir en conséquence !

— Calme-toi Souhayl, temporise 'Omar, tu ne devrais pas t'adresser à un adulte sur ce ton. Ne leur prête pas attention et concentre-toi sur le défi.

— Tu devrais écouter ton ami, répond le client. Mais au fond, ça ne m'étonne pas. Tu parles et agis comme le bon à rien que tu es.

— T'as raison 'Omar... dit Souhayl, pardonnez-moi monsieur. J'aurais dû me taire et rester le bon à rien admis à l'Academy qui vous a vendu un ventilateur de poche à 50 dinars.

Youssouf et 'Omar se retiennent de rire pendant que le client, rouge de colère, fait volte-face pour se mélanger à la foule du marché. Pendant ce temps, les clients s'enchaînent et le stock de ventilateurs arrive à sa fin.

— Votre attention, s'il vous plaît ! crie Youssouf aux clients. Il ne nous reste plus que trois ventilateurs en stock ! Nous pouvons encore accepter les trois prochains clients, mais nous sommes dans l'obligation d'inviter tous les autres à quitter la queue !

— Al Hamdoulillah, répond un client présent dans la queue, on a fait ce qu'on avait à faire !

Maintenant, j'espère que le petit va remporter son concours !

Une fois les derniers clients servis, le groupe descend la bâche et se réunit derrière la caisse pour faire les comptes.

— Écoutez les gars, dit Souhayl, tout excité. On a vendu 98 pièces à 5 dinars et 142 pièces à 50 dinars, wal hamdulillah ! Au total, on a fait un chiffre d'affaires de 7590 dinars avec notre capital de 300 dinars !

— Allahou akbar ! répond 'Omar, jamais je n'aurais pensé qu'on pouvait gagner autant avec ces ventilateurs ! On a peut-être une chance de remporter ce défi !!!

— C'est bientôt l'heure du Dhohr, dit Youssouf. Il va falloir qu'on patiente jusqu'au Maghreb pour avoir les résultats finaux. Je sais pas si vous réalisez, mais on est peut-être en train de vivre nos derniers instants en tant qu'élèves.

STORY
CHAPITRE 16 : VISITE DU MARCHÉ

De retour de la prière du Dhohr, Souhayl, Youssouf et 'Omar déambulent dans le marché en attendant les résultats du défi. Ils découvrent, pour la première fois, la grande variété de stands présents lors de ce week- end.

Les enfants se rendent d'abord à un stand qui remporte un grand succès. Ils essaient de découvrir de quoi il s'agit car l'odeur qui se dégage du stand est très alléchante. Mais même en se mettant sur la pointe des pieds, impossible de voir ce qui se trame. La gourmandise et la faim les portant, les garçons arrivent à se frayer un passage. Ils découvrent avec surprise des énormes brochettes de fruits frais, que l'on trempe à la demande dans du chocolat fondu, puis des petites guimauves. Mais poussés par l'envie de découvrir d'autres stands, les garçons poursuivent leur chemin.

— Attendez une seconde, dit Souhayl, je vais jeter un œil à ce stand.

— Un stand de livres ? demande 'Omar, perplexe.

— Oui, je vais voir si je trouve pas un livre sympa pour Fati. Elle passe son temps à lire à la maison.

Souhayl regarde les couvertures des livres mais ne sait pas du tout quoi choisir, ni même ce que lit sa grande sœur.

— As-salamu 'alaykoum monsieur ! Est-ce que vous pouvez m'aider à choisir un livre ?

— Wa 'alaykoum as-salam wa rahmatoullahi wa barakatouh, avec plaisir mon enfant ! Tu cherches quel type de livres ?

— Un livre pour ma grande sœur, s'il vous plaît.

— Et elle lit quoi ta grande sœur ?

— Bah je sais pas... juste elle lit des livres.

— Je me doute bien qu'elle ne lit pas des sardines ! Mais quel genre de livres elle lit ? Des romans d'aventure ? Des livres d'histoire ? Des recettes de cuisine ?

— C'est elle qui les lit, pas moi. Je sais pas de quoi parlent ses bouquins !

— Hey, Youssouf, dit 'Omar, tu rates un truc ! Viens voir Souhayl ! Je sens qu'il va finir par se disputer avec le libraire !

— Bon fiston, il va falloir que tu m'aides un peu pour ta sœur. Dis-moi, c'est un livre que tu veux offrir à ta sœur, c'est ça ? Alors, essaye de me décrire le sentiment que tu aimerais qu'elle ressente en se plongeant dans le livre que tu vas lui offrir.

— Le sentiment ? demande Souhayl en levant un sourcil. Heu... laissez-moi réfléchir parce que c'est super intéressant ! Je savais pas qu'un livre pouvait jouer sur les sentiments !

— Évidemment, mon grand ! Un livre peut te faire voyager comme te donner l'impression d'être enfermé dans une boîte ! Il peut te faire rire, comme te faire pleurer. À ma connaissance, tous les sentiments qu'un humain ressent peuvent être transmis dans un livre.

— Soubhanallah ! Troop cool !! Et pour les ressentir on est obligé de les lire ? Parce que moi, je déteste lire, mais je suis pas contre une bonne rigolade !

— Evidemment que tu dois les lire ! C'est comme si tu demandais de ressentir le goût sucré et fondant d'une tarte sans avoir à la manger.

— Aaaaah... d'accord, je vois ! Je crois comprendre !

— Psssst Youssouf ! murmure 'Omar, écoute Souhayl, il est trop drôle !

— Ok je sais ! dit Souhayl d'un ton ferme, j'aimerais un livre qui aide ma sœur à ne plus être triste !!!

— Soubhanallah, dit le libraire d'un ton compatissant, pourquoi ta sœur est-elle triste ?

— Elle a tout fait pour être admise à l'Academy, mais Allah en a décidé autrement et elle n'a pas été admise. Depuis, c'est rare de la voir heureuse à la maison.

— Désolé d'entendre ça, mon enfant, mais le livre que tu recherches n'est pas ici. Pourtant, ça ne m'étonnerait pas qu'elle le possède déjà.

— Ah bon ? Vous avez vu sa bibliothèque ?

— Qu'Allah te préserve ! Tu t'appelles comment ?

— Souhayl, monsieur.

— Mais ce ne serait pas toi le Souhayl dont tout le monde parle depuis hier ? Celui qui a été admis à l'Academy en plein milieu du marché, et dont les gens disent qu'il a été admis par erreur ?!

— Si... c'est moi.

— Allahoumma barik ! Je suis vraiment heureux de faire ta connaissance Souhayl ! Concernant ta sœur, tiens, je t'offre ce livre, attrape !! C'est une biographie de Sarah, la femme du Prophète Ibrahim !

— Mais je croyais que vous ne l'aviez pas et qu'elle le possédait déjà le livre ?

— Le livre dont je te parlais, c'est le Coran. C'est dedans qu'elle trouvera de quoi apaiser sa tristesse, incha Allah. Si son cœur est ouvert, le verset 216 de la Sourate Al Baqara devrait suffire.

— En effet, elle a déjà un exemplaire du Coran. Jazakoumoullahou khayr monsieur, j'ai énormément appris avec vous ! En plus, vous m'avez offert un super livre !

— Amine. Tu me donnes l'impression d'être un bon garçon. Qu'Allah te préserve. Mais tu sais, tu devrais essayer de lire mon enfant.

— Mais je n'aime vraiment pas lire, monsieur !

— Est-ce que tous les enfants que tu as croisés dans ta vie sont devenus tes amis ?

— Non, monsieur.

— Eh bien, dis-toi que c'est pareil pour les livres ! Quand tu tomberas sur un livre qui te donne envie, essayes de le lire. Si ça ne fonctionne pas, essayes-en un autre. Puis, un autre. Tu n'as besoin que d'un seul livre qui te plaise pour faire partie des lecteurs. Comme tu n'as besoin que d'un seul ami pour ne plus faire partie de ceux qui sont seuls.

— BarakAllahou fikoum, j'essaierai inchallah !

— Tu as entendu parler du livre « Honorus Academicus » ?

— Non, c'est quoi ?

— Un livre très rare, écrit il y a des décennies par un ancien élève de l'Academy. Il raconte l'histoire de l'Academy et dévoile quelques-uns de ses secrets.

— Naaaan ! Il me faut ce livre ! Je vais peut-être y trouver des explications pour mon père !!

— Ton père ?

— Monsieur ! Où est-ce qu'on peut trouver ce livre ?!

Ma cha Allah ! Bien que tu sois venu pour ta sœur, on dirait que j'ai fini par trouver un livre pour toi ! Malheureusement, personne ne sait où trouver ce livre. Il y a quelques années, une rumeur circulait disant que Sofiane Sohko en avait acheté un exemplaire aux enchères. Mais depuis, je n'en ai plus entendu parler.

— Sofiane Sohko !? crie 'Omar, surpris d'entendre le nom de son père dans la conversation.

— Tu sais quelque chose 'Omar ?! demande Souhayl, en secouant son ami par les épaules. Il me faut ce livre !!

— Désolé Souhayl, j'en ai jamais entendu parler. Mais je pourrai regarder dans notre bibliothèque ce soir, si tu veux.

— Tu es le fils de Sofiane Sohko ?! demande le libraire, totalement surpris. Allahou akbar, elle est vraiment spéciale cette journée ! L'admis à l'Academy, accompagné du fils de l'homme le plus riche de la ville. Et le troisième là-bas, c'est qui ? Le fils du Roi ?

— Ah nan, lui, c'est Youssouf, dit Souhayl, mon ami menuisier.

— Menuisier ? Mais il a quel âge pour être menuisier ? Qu'allah vous préserve tous. BarakAllahou fikoum, les enfants ! Et toi, Souhayl, qu'Allah te facilite à l'Academy !

Après avoir quitté le libraire, les enfants continuent de déambuler dans le marché en flânant de stand en stand. Souhayl s'arrête prendre un jus d'ananas au stand de Younous. 'Omar, lui, s'arrête au stand de 'Ayoub pour prendre une crêpe. Et Youssouf, qui préfère économiser son argent, se contente de suivre ses amis.

— Allez Youssouf, dit Souhayl, viens, je te paye une glace ! Il y a les 13 qui ont ouvert un stand un peu plus bas !

— BarakAllahou fik Souhayl, mais non merci. Si je veux une glace, je peux me l'offrir !

— Moi, j'en veux bien une, Souhayl, dit 'Omar avec un grand sourire.

— C'est parti pour une glace ! s'enthousiasme Souhayl.

Quand les enfants arrivent au stand de glaces tenu par les 13 associés, ils trouvent celui-ci fermé, et Bilal seul, derrière la caisse.

— As-salamu 'alaykoum Bilal, lance Youssouf. Pourquoi ton stand est fermé ? Et pourquoi t'es tout seul ? Ils sont où tes associés ?

— Wa 'alaykoum as salam wa rahmatoullahi wa barakatouh, répond Bilal. Félicitations pour ton admission Souhayl ! Désolé, j'ai pas eu le temps de passer vous voir ! Oui, je me retrouve tout seul à tenir le stand. Hier, on s'est disputés avec les autres et ils sont tous partis.

— Subhanallah ! réagit 'Omar, pourquoi vous vous êtes disputés ? Et si tout le monde est parti, pourquoi t'es pas parti toi aussi, au lieu de garder le stand tout seul ?!

— Bah, j'ai pas trop le choix en fait, répond Bilal, visiblement gêné.

— Vas-y raconte, dit Souhayl, en s'asseyant par terre, à côté de Bilal. Pourquoi t'es obligé de rester si tout le monde est parti ? T'inquiète, on a le temps, ton stand est fermé et le nôtre en rupture de stock, alors, ne te gêne pas !

— Bon, pour faire rapide, vous savez que mes parents n'ont pas beaucoup d'argent. Dès que j'ai appris qu'on pouvait garder nos gains à la fin du défi, j'ai dit à mes parents que j'utiliserais cet argent pour payer mes fournitures de rentrée en secondaire. Et là, soubhanallah ! J'ai vu mon père méga fier de moi, alors que je n'avais encore rien gagné ! Et ma mère a carrément montré un soulagement que je peux même pas vous décrire ! Donc, vous comprenez, même si on s'est disputés avec les autres, je ne peux plus quitter ce stand. Pour les autres, ce défi n'est qu'un jeu... qu'ils aillent au bout ou pas ne changera rien à leur vie. Mais moi, je dois rester ici jusqu'au bout et faire les causes pour ne pas rentrer à la maison les mains vides.

— Tes parents peuvent être super fiers de toi Bilal, dit 'Omar. Mais pourquoi le stand est fermé ? Si tu ne vends pas de glace, c'est un peu compliqué de gagner de l'argent, non ?

— Parce que notre machine de glace à l'italienne est tombée en panne hier... c'est ça qui a causé notre dispute. Chacun rejetait la faute sur l'autre jusqu'à ce que tout le monde soit parti.

— C'est bon, j'ai trouvé ! crie Souhayl. Bilal, rejoins notre équipe ! Une fois qu'on sera déclarés vainqueurs, on aura qu'à partager nos gains en quatre !

— Soubhanallah, c'est une super idée ! dit Youssouf, enthousiaste. T'en penses quoi 'Omar ?

— C'est ok pour moi, répond 'Omar.

— Qu'Allah vous récompense pour votre proposition les frères, répond Bilal, mais je suis obligé de refuser.

— Pourquoi !? demande Souhayl.

— Parce que mon équipe vend des glaces à l'italienne et ma seule contribution dans le projet était la recette que ma mère nous a donnée. Elle a passé les trois dernières semaines à essayer de faire la meilleure des glaces pour qu'on ait une chance de remporter le défi. Elle s'est épuisée et a dépensé de son argent pour financer les ingrédients durant ses tests. Par respect pour son travail, je ne peux pas quitter ce stand pour rejoindre un autre groupe. Je finirai le défi avec la glace de ma mère, inchallah, peu importe le résultat final.

— Désolé Bilal, dit Youssouf, je dois dire deux mots à 'Omar et Souhayl. Les gars, venez s'il vous plaît !

— Oui, bien sûr ! répond Bilal.

Après s'être un peu éloigné du stand, Youssouf regarde ses amis avec un air sérieux.

— Écoutez-moi, j'aimerais récupérer ma part des gains.

— Bah oui, t'inquiète ! dit Souhayl. On a prévu de les partager après le défi.

— Nan, t'as pas compris, répond Youssouf. Je vous demande si je peux les récupérer maintenant.

Je comprends Bilal, moi aussi j'ai récupéré l'atelier de mon père par respect envers ce qu'il m'a appris. Et aujourd'hui, en vendant nos ventilateurs à 50 dinars, Allah m'a accordé une somme d'argent que je n'attendais pas. J'aimerais utiliser cette part pour aider Bilal et lui permettre de rentrer chez lui la tête haute.

— Moi, ça ne me gêne pas, dit 'Omar, je ne compte pas quitter l'école, même si on remporte le défi. Faut que tu vois avec Souhayl, c'est son option pour quitter l'Academy que tu mets en jeu en récupérant ta part.

FICHE PERSONNAGE

PRÉNOM : Anas

ÂGE : 11 ans

PERSONNALITÉ : Solitaire, il parle très peu et réfléchit beaucoup. Attaché à l'apprentissage religieux, il ne rate aucun cours donné à la mosquée. De plus, il utilise son temps libre à lire des ouvrages islamiques. Il a également une fibre artistique qu'il développe en dessinant tout ce qu'il voit.

RAPPORT À L'ACADEMY : Il veut l'intégrer pour découvrir le contenu de la bibliothèque royale, dont l'accès est ouvert aux élèves de l'Academy.

PLAT PRÉFÉRÉ : La blanquette de veau.

AUTRE : En plus d'être ambidextre, il sait écrire et dessiner des deux mains en même temps.

CHAPITRE 17 : GLACE À L'ITALIENNE

Après que Bilal ait raconté son histoire aux enfants, Youssouf a décidé de récupérer sa part des gains pour le soutenir. Mais en faisant ça, ce sont les plans de Souhayl qui risquent d'être anéantis.

— Soubhanallah, ça ne m'arrange pas du tout cette affaire, dit Souhayl. La part qui revient à chacun d'entre nous est de 2530 dinars. Si tu récupères la tienne tout de suite, on va finir le concours avec un chiffre d'affaires de 5060 dinars au lieu des 7590 dinars qu'on a maintenant.

— C'est pour ça que je vous demande l'autorisation, dit Youssouf, même si c'est ma part. Je ne peux pas prendre cette décision seul sachant qu'elle va tous vous impacter.

— 'Omar ! dit Souhayl, toi tu t'en fiches qu'on gagne ou qu'on perde. Et tu sais à quel point je veux gagner, alors conseille-moi ! Qu'est-ce que je fais ?!

— Quoi !? demande 'Omar surpris. Tu veux mettre la responsabilité de ta décision sur mon dos ?!

— Nan, répond Souhayl, moi j'ai le cerveau qui chauffe là. Je sais pas du tout quoi faire, alors, j'aimerais avoir ton avis c'est tout.

— À la base, dit 'Omar, on aurait dû vendre nos 240 ventilateurs à 5 dinars, ce qui nous aurait fait un chiffre d'affaires de 1200 dinars. Allah nous a facilités et Il nous a ouvert une voie pour les vendre à 50 dinars. Donc, même si on se présente ce soir avec un chiffre d'affaires amputé de la part de Youssouf, on va quand même s'en sortir avec un résultat quatre fois supérieur à ce qui était prévu. J'ai franchement l'impression qu'on est dans une situation test pour voir si on est reconnaissants envers Allah ou pas. Enfin, surtout vous deux ! Moi, encore une fois, peu importe le résultat, ça ne changera pas grand-chose à ma vie.

— Ma cha Allah, dit Souhayl, j'avais oublié qu'à la base, nos ventilateurs n'étaient qu'à 5 dinars et que j'aurais été méga heureux de tout vendre à ce prix. .. ok, tu m'as convaincu ! Youssouf ! Bismillah, fais ce que t'as à faire !

Les enfants reviennent d'un pas décidé vers le stand de Bilal. Youssouf, qui gardait la recette du stand dans sa sacoche, compte les billets pour récupérer sa part.

— Bilal ! dit Youssouf, à combien tu vends tes glaces ?

— On les vendait à 2 dinars pièce.

— Parfait ! Tiens, prends ces 2500 dinars ! Je t'achète... heu...

— 1250 glaces, précise Souhayl.

— Oui, voilà, je t'achète 1250 glaces !!

— Hein ?! demande Bilal, totalement surpris par l'offre de Youssouf. Mais qu'est-ce que tu vas faire de 1250 glaces ?! Tu comptes les mettre où ?

Comment tu vas les manger ? Et surtout, ma machine est cassée !

— Je viens de jeter un œil à ta machine, dit 'Omar. Elle affiche un code erreur E08. Sur Internet, ils expliquent que c'est parce que l'un des bacs à glace a durci. Tu proposes plusieurs recettes, Bilal ?

— Oui ! Ma mère a fait une glace à la vanille, mais Chakour a insisté pour ajouter une saveur pistache parce qu'il trouve que c'est trop bon. Donc, on a proposé les 2 goûts. Vanille et pistache.

— Et je suppose que personne n'a commandé de glace à la pistache hier, répond 'Omar.

— C'est vrai ! dit Bilal. Comment tu sais ?

— Parce qu'ils expliquent que la glace durcit quand elle n'est pas utilisée. Bref, c'est rien de grave, on peut te réparer ça en moins de 30 minutes, inchallah.

— Eh ben voilà ! dit Youssouf. Je confirme ma commande de 1250 glaces ! Et pour la livraison, c'est simple : tu peux les offrir gratuitement à tous les passants de la journée ! Tiens, voilà ton argent !

— Allahou akbar, t'es sûr de toi ? dit Bilal.

— Évidemment !

— Jazakallahou khayr Youssouf, dit Bilal, en lui serrant la main. Tu facilites vraiment mes parents dans cette affaire.

Au milieu de la foule, deux sentinelles habillées en civil s'assoient sur un banc.

— Youssouf Kana, fils de Houdeyfa, est approuvé, envoie son dossier au Palais.

— Tu es sûr ? Hier, tu as déjà approuvé 'Omar Sohko, fils de Sofiane. Quant à Souhayl Tidus, fils d'Ismaïl, il est déjà admis. Tu es sûr de vouloir approuver trois enfants d'une même école ?

— Pas n'importe quelle école. Depuis que 'Abd Ar-Rahman est le directeur d'Ibn Badis, il y a tous les ans un admis à l'Academy qui sort de chez lui. Et cette année, c'est la descendance des élèves de la génération rouge qui passe les admissions.

— La génération rouge ? Tu veux dire que ces trois-là sont les enfants de ceux qui ont failli mettre fin à l'Academy ?

— Oui. Et ces trois-là ne sont pas les seuls.

Sur le stand de glaces à l'italienne, Bilal se saisit d'une craie pour écrire sur son écriteau « Glace à l'italienne offertes ! » Avec la chaleur de la journée, tout le monde se rue sur le stand pour déguster une glace gratuite. La recette à la vanille est si bonne que l'information sort du marché. Des familles venant de toute la ville s'empressent de venir déguster une glace offerte avant le Maghreb. La nouvelle est également parvenue aux oreilles des anciens associés de Bilal qui se sont tous donné rendez-vous devant le stand.

— Allahoumma barik ! s'exclame Chakour, l'un des associés, t'as réussi à faire fonctionner la machine ! Et avec le monde qu'il y a, si on continue, on peut même remporter le défi ! Mais au fait, Bilal, pourquoi tu offres les glaces ?

Souhayl, Youssouf et 'Omar regardent la scène, assis sur un banc non loin du stand, en enchaînant les glaces dans l'attente du Maghreb.

— As-salamu 'alaykoum, ah vous êtes tous revenus...? demande Bilal, timidement. En fait, un client a payé 1250 glaces pour que je les distribue gratuitement.

— Soubhanallah, t'en as déjà vendu 1250 ! Allez, chacun reprend son poste ! Riyad, efface l'offre gratuite ! Il est bien gentil le client pour sa sadaqa mais on a des glaces à vendre, nous !

— Heu... non désolé les frères, attendez... en fait, cet argent est pour mes parents... vous, vous êtes partis et vous m'avez laissé tout seul...

— Allahou akbar ! crie Chakour. Alors, comme ça, c'était ton plan ?! Tu as attendu qu'on parte pour réparer la machine et faire cavalier seul ?!!

Riyad s'approche de l'écriteau pour effacer la mention des glaces offertes, mais Youssouf fonce sur lui et attrape violemment son bras.

— Éloigne-toi de cet écriteau et laissez Bilal tranquille, crie Youssouf, en regardant Riyad droit dans les yeux.

— Occupe-toi de tes affaires Youssouf ! lance Chakour.

— J'ai décidé que c'était mon affaire, dit Youssouf en retroussant ses manches. Et si vous préférez, on peut régler ça à douze contre un !

— Tu penses qu'on doit aller aider Youssouf ? demande 'Omar à Souhayl, tout en léchant sa glace.

— Ça dépend de comment il s'en sort ! Mais je pense que même à 12, ils ne peuvent rien contre Youssouf.

Alerté par des clients, un intendant arrive en colère au stand de glaces.

— Je vous demande de laisser Bilal se concentrer sur son stand, dit l'intendant aux associés. Si vous voulez une glace, je vous invite à faire la queue avec les autres clients.

— Mais c'est aussi notre stand monsieur Barqouq ! répond Chakour.

— Ce matin, nous avons fait le tour des stands et nous avons éliminé du concours tous les participants absents. Et comme vous le savez, vous n'étiez pas parmi les présents.

— Mais on croyait que notre machine ne marchait plus !

— Merci pour votre participation, dit l'intendant. Maintenant, veuillez faire la queue ou partir.

Chakour et ses amis quittent le stand, dépités.

L'après-midi reprend son cours normal alors que les enfants sont toujours assis sur le banc face au stand de Bilal. Quand tout à coup, la voix du directeur se fait entendre depuis les hauts parleurs placés ça et là autour du marché :

" As-salamou 'alaykoum, ce message s'adresse à tous les participants du défi Business. L'adhan du Maghreb aura lieu dans 20 minutes inchallah. Par conséquent, je vous annonce officiellement la fin de votre défi ! Veuillez immédiatement cesser les ventes. Je vous donne rendez-vous devant le stand de la direction après la prière. BarakAllahou fikoum. "

Alors que chaque participant commence à ranger son stand, Bilal se rend au stand du Venti Freeze pour retrouver Youssouf.

— Tiens, Youssouf, c'est ton argent, dit Bilal, en lui tendant des billets.

— De quoi tu parles ? répond Youssouf.

— Malgré le monde, je n'ai pas pu tenir la cadence et je n'ai offert que 1038 glaces sur les 1250 que tu as payées. Alors, je suis venu te rendre l'argent des 212 glaces que tu as commandées et que je n'ai pas pu offrir.

— Bilal, est-ce que tu as trouvé cet après-midi amusant ? lui demande Youssouf.

— Grave ! Ça m'a vraiment fait plaisir de rendre les gens heureux avec la glace de ma mère.

— Eh ben voilà ! Je ne sais pas combien vous a coûté votre machine à glace, mais je pense que tu as assez d'argent pour la racheter à tes associés. Aujourd'hui, t'as eu la certitude que les gens aimaient ta glace. Non pas parce qu'elle était gratuite, mais plutôt parce qu'elle était d'excellente qualité. Si tu as passé un bon moment, pourquoi tu ne continuerais pas à en vendre pendant les vacances pour aider tes parents ?

— Allahou akbar ! J'y avais même pas pensé ! C'est vrai que je peux ouvrir un petit stand dans le quartier pour continuer à en vendre pendant les vacances ! C'est une trop bonne idée ! BaarakAlahou fik, Youssouf, mais je te promets que les 212 glaces que tu as payées seront distribuées gratuitement dès que je me lance inchallah !

De retour de la prière, tous les enfants, accompagnés de leurs parents, se sont réunis autour du stand de la direction pour découvrir les résultats du défi Business.

— Barakallahou fikoum pour votre participation, les enfants ! dit le directeur devant la foule. Nous avons tous passé un agréable week-end en votre compagnie ! De plus, les habitants de la ville sont globalement très satisfaits de cette initiative et regrettent déjà que vos stands ne soient plus ouverts. Maintenant, si vous acceptez, nous allons passer aux résultats.

Un intendant s'approche du directeur pour lui remettre une enveloppe. Le directeur remonte ses lunettes sur son nez avant d'ouvrir l'enveloppe.

— Nous avons extrait les données de vos caisses enregistreuses et j'ai les résultats sous les yeux. Le gagnant du défi Business est...

Tout le monde retient son souffle. Les élèves, comme les parents, restent scotchés aux lèvres du directeur.

— Le gagnant du défi Business est Ayoub du stand 14, avec un chiffre d'affaires de 7 960 dinars ! Allahoumma barik, c'est un excellent résultat !

Alors que le directeur annonce la victoire de Ayoub, tout le marché est tourné en direction de Souhayl car cela ne fait plus aucun doute pour personne : Souhayl intégrera définitivement l'Academy.

ACADEMY
STORY
CHAPITRE 18 : DÉSILLUSION

Après l'annonce du vainqueur, Souhayl est comme sonné. Toute l'énergie déployée ces deux derniers jours avait été vaine. La chose qu'il redoutait le plus était en train de se passer, et il sentait la nausée arriver. Le cumul de l'annonce plus le nombre de glaces ingurgitées plus tôt le rendaient malade à n'en pas douter ! À force de répéter qu'il n'irait jamais à l'Academy, c'était devenu sa réalité. Réalité qui vole en mille éclats en entendant ses mots résonner à quelques centimètres de lui.

Le directeur invite Ayoub à ses côtés pour exprimer quelques mots sur son expérience. Ayoub n'en croit pas ses oreilles. Il regarde autour de lui pour chercher le vainqueur car il ne réalise pas que c'est lui qu'on appelle. Quand il comprend que c'est bien lui qui a gagné le défi, il se dirige doucement vers le directeur, la tête baissée, lui qui n'est, comme d'habitude, pas très à l'aise en public. Ce grand timide hésite, se dandine sur ses pieds, cherche ses mots, impressionné par toutes les paires d'yeux rivées sur lui, puis il se lance d'une voix peu assurée :

— Avant toute chose, dit Ayoub face à la foule, je remercie Allah de m'avoir aidé dans cette affaire et je Lui demande pardon pour mes manquements. Baarakallahou fikoum pour cette opportunité que vous avez donnée à tous les élèves de dernière année. Je n'avais jamais envisagé de faire du commerce avant votre annonce du mois dernier. En tous cas, pas si jeune. Quand j'en ai parlé à mon père, il m'a tout de suite dit que, si je devais vendre quelque chose, cela devait être de la nourriture. Parce que, comme il le dit : « Les gens mangent toujours, qu'ils aient faim ou pas. » Ensuite, vu que j'aide beaucoup ma maman à faire des crêpes et que j'aime ça, je n'ai pas hésité et j'ai tout de suite su que j'allais vendre des crêpes. Mais j'ai ajusté mes recettes selon le moment de la journée : sucrée le matin, salée le midi et légère l'après-midi. Par la grâce d'Allah, je n'ai pas le souvenir d'avoir vu mon stand se désemplir.

— Soubhanallah, dit Souhayl, dépité, on a été battus par des crêpes ! Je sais même pas si je vais encore pouvoir en manger.

— Al Hamdoulillah , lui répond Youssouf. On espère qu'il y a un bien derrière cette défaite. Et tu es, aux yeux des gens, le seul vrai gagnant avec ton admission à l'Academy.

— Ah ouais, c'est vrai, il y a l'Academy qui m'attend, maintenant !... mais non Soubhanallah ! crie Souhayl en affichant un large sourire, j'ai failli oublié ! J'ai encore une chance !!

Souhayl laisse sur place ses amis sans dire un mot et court, comme si sa vie était en danger, vers le directeur qui discute avec Ayoub et ses parents. Arrivé devant lui, le regard ferme et plein d'espoir, il fixe le directeur dans l'attente qu'il lui donne la parole.

— Monsieur le directeur, dit le père de Ayoub, je crois que le jeune admis à l'Academy souhaite vous parler.

— Je vois ça... veuillez m'excuser un instant, répond le directeur. Souhayl je sais que ce n'est pas le résultat que tu attendais, mais Ayoub a remporté le défi. Tu ne peux plus annuler ton admission. Je suis désolé.

— Si, monsieur le directeur ! On a encore la possibilité d'annuler mon admission !!

— Laquelle Souhayl, je t'écoute.

— Rappelez-vous, quand on a tous voté pour choisir un défi dans le gymnase ! L'intendant Burtuqal nous a expliqué que, au même titre que tous les directeurs d'école, vous bénéficiez d'une option : tant que vous êtes directeur vous pouvez faire intégrer un élève de votre choix à l'Academy. Mais surtout, vous pouvez annuler l'admission de l'un de vos élèves qui aurait été admis ! Et l'intendant Burtuqal nous a dit que vous n'avez jamais utilisé vos options !

Alors que le directeur reste silencieux, Souhayl saisit doucement sa main en le regardant droit dans les yeux :

— S'il vous plaît monsieur le directeur, utilisez votre option pour annuler mon admission !

— Souhayl, je me suis interdit d'utiliser mes options. Je juge que ce n'est pas à moi de décider qui mérite, ou ne mérite pas, d'intégrer l'Academy. Mais je vais te faire une confidence…

Le directeur pose son autre main sur les mains de Souhayl et le regarde avec tendresse :

— Si j'avais dû utiliser mon option pour un élève, j'aurais choisi de l'utiliser pour toi.

— Alors faites le monsieur le directeur !

— Tu n'as pas compris Souhayl, répond le directeur. Si j'avais eu à utiliser mon option, je l'aurai activée pour te faire intégrer l'Academy. L'affaire est décidée jeune Tidus, va rejoindre tes amis et ta famille. On se reverra sûrement inchallah.

— Je ne comprends pas pourquoi vous l'auriez activé pour que j'intègre l'Academy, répond Souhayl. Pourtant vous savez mieux que quiconque à quel point je suis mauvais élève. Khayr inchallah, à priori, quoi que je fasse, l'affaire est décidée comme vous l'avez dit. Pardonnez moi du dérangement monsieur le directeur.

Après ces quelques mots, Souhayl fait demi-tour, dépité. Tout en traînant des pieds, le visage tourné vers le sol, il réalise que son admission à l'Academy est actée. De retour auprès de ses amis, Youssouf l'interpelle :

— Bah alors t'es allé dire quoi au directeur encore ?

— Je lui ai demandé d'activer l'option qu'il a en tant que directeur pour annuler mon admission.

— Et il a accepté ?!

— À ton avis ? répond Souhayl, j'ai la tête de quelqu'un qui a reçu une bonne nouvelle ? El

Hamdoulillah quoi qu'il arrive... mais j'avoue que je suis dégoûté d'avoir perdu ce défi.

— De tous les élèves de l'école, dit 'Omar, je suis le plus riche. Toi Souhayl, tu es sûrement le plus intelligent et toi Youssouf, celui à la plus grande volonté. On a joint nos forces en faisant équipe, mais Allah nous a fait perdre face à Ayoub qui a juste fait les mêmes crêpes qu'il cuisine chez lui avec sa mère. Le directeur avait raison. On ne gagne pas par nos facilités. On ne perd pas à cause de nos handicaps. On perd et on gagne selon la volonté d'Allah. Je crois qu'aujourd'hui j'ai vraiment compris que toute la puissance et la royauté Lui reviennent. Ce soir, je vais veiller en prière inchallah pour Lui demander pardon.

— Tu dis que moi, j'ai de la volonté, répond Youssouf, mais de ceux que je connais, tu es le seul qui veille la nuit en prière !

— Mais c'est juste parce qu'Allah m'a rendu cette adoration facile. Mais malgré ma richesse, je n'aurais pas pu donner mes gains à Bilal comme tu l'as fait. Pourtant, je sais que tu es plus dans le besoin que lui. Chacun est facilité dans certaines choses et on doit s'efforcer de s'améliorer sur le reste.

Souhayl, toujours sonné par sa défaite, entend ses amis, mais ne dit rien. Sa famille est présente, mais préfère rester un peu à l'écart pour le laisser encaisser le choc avec ses amis. Safiya, la mère de Souhayl, interpelle son mari :

— Hier soir, quand j'étais partie pour sermonner Souhayl, tu m'as chuchoté qu'il allait perdre le défi. Comment tu pouvais le savoir ?

— Parce qu'hier, répond Ismaîl, quand je me baladais de stand en stand, je me suis arrêté au stand d'Ayoub pour manger une crêpe... elle était vraiment délicieuse ! Puis, en mangeant ma crêpe devant son stand, j'ai vu que les clients ne cessaient de s'enchaîner. Plus que ça ! J'ai même vu un client revenir prendre plusieurs crêpes ! C'est là que j'ai compris que Souhayl et ses ventilateurs ne pouvaient pas rivaliser.

Souhayl rejoint ses parents, son frère et sa sœur pour rentrer à la maison. Tout le monde est extrêmement silencieux. Ismaïl reste immobile, ne sachant pas trop comment agir à ce moment-là. Sa femme, elle, imprégnée de son instinct de maman, le regarde avec plein de compassion. Quant à Fati, de nature réservée mais avec un fort caractère tout de même, elle ne peut masquer sa tristesse, et ressent toute la peine de son petit frère. Haroun, étrangement calme, a saisi la gravité de la situation. Il n'a même pas un mot pour taquiner Souhayl et alléger la situation. La première à bouger et sortir de cette torpeur générale est Safiya. Elle s'approche de son fils et le prends dans ses bras en disant :

— Je sais que tu es triste de ta défaite, mais j'ai bon espoir qu'il y ait un grand bien dans ton entrée à l'Academy… Ah oui, à ce propos ! L'Academy nous a transmis un nouveau courrier aujourd'hui ! Tu es convoqué demain matin pour la réunion de pré-rentrée !!

— Quoi !? s'exclame Souhayl, déjà ? Ils me laissent même pas respirer un peu après ma défaite d'aujourd'hui ?!

— Ce n'est qu'une réunion, dit son père, ne t'inquiète pas, la rentrée n'aura pas lieu avant un mois, inchallah.

Pendant ce temps, les parents de 'Omar rejoignent leur fils et Youssouf.

— Vous avez fait une super équipe, dit Sofiane le père de 'Omar. Je suis fier de vous. Et toi, 'Omar, je suis fier de ton attitude avec tes amis ! Tu les as aidés quand ils avaient besoin de toi, et ça vaut pour moi toutes les victoires. Quant à toi Youssouf, Bilal m'a rapporté ce que tu as fait pour lui. Je ne sais pas quoi dire, qu'Allah te récompense, ton père aurait été très fier de toi.

— BarakAllahou fik, mon oncle, répond Youssouf.

— Allez, monte avec nous, dit Sofiane, je te dépose à l'atelier.

Arrivé devant l'atelier de Youssouf, qui se situe dans une toute petite rue populaire de la ville mal éclairée et remplie de chats errants, Sofiane demande au chauffeur de couper le moteur de la voiture.

— Désolé de ne pas vous l'avoir dit plus tôt, les enfants... un peu avant le Maghreb, un homme est venu à la maison nous remettre vos admissions à l'Academy. Je ne voulais pas vous en parler devant tout le monde après ce qu'il s'est passé hier avec Souhayl.

— Allahou akbar ! crient en chœur 'Omar et Youssouf. On est admis à l'Academy !! C'est trop cool !!!

— Mamar et Soussouf à la Cacademy !! crie Sofia, la petite sœur de 'Omar, également présente dans la voiture.

— Pour être honnête, reprend Sofiane, quand j'ai appris l'admission de Souhayl hier, j'étais sûr qu'aucun autre enfant de votre école ne serait admis. Je n'ai jamais entendu parler de trois admissions au sein d'une même école. C'est vraiment étonnant. Mais on ne va pas s'en plaindre, wal hamdulillah !

— Al Hamdoulillah ! Dis, Abi, est-ce qu'on peut passer chez Souhayl pour lui annoncer la nouvelle ?

— Non 'Omar, il est tard. Et de toute façon, vous êtes convoqués demain matin pour une réunion de pré-rentrée. Vous le verrez là-bas, inchallah. Je suis sûr qu'il ne s'y attend pas du tout.

Sofiane prend soudainement un air sérieux.

— 'Omar, Youssouf, vous savez que je sors moi-même de l'Academy. Je n'ai pas le droit de vous parler de ce que j'y ai vécu, mais je tiens à vous dire une chose : oubliez dès ce soir tout ce que vous pensez connaître de l'école.

Après cette longue journée, tout le monde est soulagé de retrouver la douceur du foyer familial. Souhayl s'installe dans le salon avec le reste de sa famille, et chacun trouve une place confortable pour analyser ce qui vient de se passer.

— Tiens Fati, un libraire m'a donné un livre, prends-le, moi j'aime pas ça les livres.

— Wouaah trop cool ! dit Fati. Barakallahou fik Souhayl ! T'arrives à penser à ta grande sœur alors que toute la ville a une dent contre toi, haha !

— C'était vraiment super, Fati, le marché ! dit Haroun en se mettant debout sur le canapé. On aurait dit une horde de zombies à la poursuite de Souhayl, le cancre admis à l'Academy !

— C'est ça, moquez-vous ! dit Souhayl. Oummi !! Ouuumi !!!! Dis ! Elle a lieu où la réunion demain ?!

— Arrête de crier, je t'entends ! lance sa mère depuis la cuisine. Ta réunion aura lieu à l'Academy !

— Tu sais où elle est, toi, l'Academy, Fati ? demande Souhayl.

— Bah nan, en fait... maintenant que tu le dis, c'est vrai que j'en sais rien.

— Oummi ! crie Haroun, Fati et Souhayl sont vraiment deux gros nuls ! Celle qui voulait entrer à l'Academy sait pas où elle est et celui qui y entre non plus ! Elle est où cette Academy, Oummi ?

— L'Academy se trouve dans la capitale, les enfants, dit le père, en s'asseyant sur le canapé. Et toi, Haroun, change de langage, ne dis pas à tes aînés qu'ils sont nuls. Demain, il faut qu'on parte tôt, Souhayl, parce que la capitale est à trois heures de chez nous.

— Trois heures ! s'étonne Souhayl. Mais vous m'avez dit que ce serait une petite réunion de routine ! Là, on en a pour la journée !

— Et moi, je peux venir Abi ? demande Haroun.

— Moi aussi je peux venir ? renchérit Fati.

— Non, désolé les enfants. Ce sera un voyage épuisant alors, vous allez rester à la maison avec Oummi. Nous partirons seuls, Souhayl et moi.

— Mais attendez ! dit Fati, si l'Academy est dans la capitale, ça veut dire qu'on va devoir déménager là-bas le temps que Souhayl y étudie ?!

— Non Fati, répond sa mère, qui vient rejoindre le reste de la famille au salon. Il n'y a que Souhayl qui va s'y installer parce que les élèves de l'Academy vivent sur place toute l'année. Ils ne rentrent chez leurs parents que durant les vacances scolaires.

— Quoi ? C'est une blague !!!? s'exclame Souhayl, en se levant du canapé. Vous voulez que je passe 24 heures sur 24 à l'école ?! Moi !? Pourquoi vous ne me prévenez que maintenant ?

— Normalement, ce n'est pas à nous de te raconter ça, Souhayl, dit le père. Tu verras le reste des détails demain, incha Allah. Allez, maintenant, il faut aller se coucher, on part tôt demain.

ACADEMY
STORY
CHAPITRE 19 : LES RÉSIDENCES VERTES
Les Résidences Vertes

Le lendemain, juste après le fajr, Souhayl et son père Ismaïl prennent la route pour l'Academy. Le voyage se fait dans le silence jusqu'à ce qu'ils arrivent aux portes de Matar, la capitale du Royaume.

— Ça va ? Pas trop stressé, Souhayl ? Moi j'avais fait le voyage pour la réunion de pré-rentrée en train, et mon père m'avait accompagné. Je me souviens que je ne pouvais pas tenir en place ! Mon père n'arrêtait pas de me crier dessus pour que je reste assis sur mon siège ! Toi, je te trouve tellement calme...

— C'est parce que je suis pas un peu stressé... Je suis méga stressé !! Depuis que je suis né, j'entends parler de l'Academy par-ci, de l'Academy par-là... Tout le monde en parle mais sans en parler, c'est secret, blablabla... Et là, dans quelques minutes, je vais découvrir l'Academy pour de vrai, Abi !! Comment tu veux que je sois pas super stressé !?

— Hahaha, c'est normal, je comprends, Souhayl. Mais tu sais quoi ? Je suis sûr que tu vas t'y plaire parce que ça n'a rien à voir avec l'école.

— Comment ça ? C'est pas une école ?

— Non, ce n'est pas une école, Souhayl. Même si on y entre après le Primaire, l'Academy n'est pas un Secondaire. En fait, avec cette admission, tu viens de quitter le système scolaire du Royaume. Maintenant, tu vas suivre le cursus de l'Academy et il n'a pas d'équivalent.

— Je comprends rien, Abi ! Pourquoi ça s'appelle l'Academy, alors ?!

— Parce que c'est une Academy ! Bon, tu verras bien, contente-toi d'oublier ce que tu connais de l'école !

— Dis, Abi, j'ai quand même une question... c'est qui l'homme à la bague bleue ?

Ces quelques mots crispent instinctivement les doigts d'Ismaïl autour du volant alors qu'il conduit. Après un silence, il reprend ses esprits et demande calmement à Souhayl :

— Qui t'a parlé de lui ?

— C'est Khalid, le père de Talha. Il m'a dit qu'une fois à l'Academy, je devrais prendre garde à l'homme à la bague bleue.

— Tu veux des réponses, Souhayl ?

— Évidemment !

— Alors, franchis chaque étape de l'Academy. C'est le moyen le plus rapide que tu aies pour tout comprendre.

— C'est vrai, Abi ? Je peux avoir mes réponses sur toi et l'Academy… dans l'Academy ?

— Oui, et si tu creuses assez loin, tu peux en apprendre plus que ce que j'en sais moi-même.

La voiture s'arrête devant un complexe résidentiel de taille moyenne. Au-dessus de l'entrée principale est inscrit : « Les Résidences Vertes ».

— Al Hamdoulillah, on est arrivés ! dit Ismaïl.

— Ah bon ? demande Souhayl, en regardant le bâtiment par la fenêtre. Elle est où l'Academy ?

— L'Academy est cachée dans cet immeuble de façade, Souhayl. Rappelle-toi que tous les habitants du Royaume veulent inscrire leurs enfants à l'Academy. Si son emplacement était connu de tous, tu verrais tous les jours des milliers de parents faire le déplacement pour négocier l'intégration de leur enfant !

—Mais les gens peuvent voir les enfants entrer et sortir, non ?

— C'est vrai, répond Ismaïl. Mais quel immeuble n'est pas habité par des enfants ? Bon, détache-toi, faut qu'on entre, on est déjà bien en re...

“TOC TOC”

Un gardien surgit de nulle part et frappe à la fenêtre de la voiture.

— As-salamu 'alaykoum, dit le gardien. Je suis désolé, c’est une résidence privée, vous ne pouvez pas vous garer ici, monsieur.

— Wa 'alaykoum as salam wa rahmatoullahi wa barakatouh, mon fils Souhayl a été convoqué pour sa réunion de pré-rentrée. Voici sa convocation.

Ismaïl tend la convocation au gardien qui la scrute avec attention.

— Vous êtes en retard, l’enfant peut descendre. Quant à vous, vous pouvez garer votre voiture dans notre parking et vous rendre au salon réservé aux parents.

— Oui oui, c'est vrai qu'on est un peu en retard désolé... allez Souhayl, descends et suis le gardien. Qu'Allah te préserve !

— Heu... ok, je descends, à tout à l'heure, Abi.

Souhayl suit le gardien qui s'engouffre dans l'entrée de l'immeuble. Le gardien, silencieux, avance à grandes enjambées vers le fond du hall, où se trouve un ascenseur plutôt antique, selon les critères de Souhayl. En s'approchant, la mention HORS SERVICE, ne fait que confirmer la vieillesse de l'engin. Les escaliers auraient pu être une autre option, mais le gardien semble déterminé à foncer vers l'ascenseur. Pour être bien sûr qu'il n'y a pas d'erreurs, Souhayl demande :

— On prend les escaliers du coup ? demande Souhayl.

Sans prêter attention à Souhayl, le gardien passe son poignet sur l'écran qui affiche en temps normal l'étage de l'ascenseur. Tout à coup, un claquement métallique résonne derrière les portes avant qu'elles ne s'ouvrent devant le garde et Souhayl.

— Tu rentres ? demande le garde, déjà à l'intérieur de la cabine.

— Mais... ce n'est pas dangereux ? demande Souhayl, en fixant du regard l'écran, à l'intérieur de la cabine, qui affiche " ERROR " au-dessus des boutons. Je croyais que l'ascenseur ne marchait pas ?

— Rentre fiston. Tu es désormais à l'Academy. Tout fonctionne parfaitement ici, par la grâce d'Allah.

Les portes de l'ascenseur se referment à l'instant où le garde passe son poignet sur le bouton de secours. Après quelques secondes d'inactivité, Souhayl se demande si l'ascenseur va vraiment se mettre à bouger. Soudainement, le miroir accroché au fond de la cabine glisse vers la gauche sous les yeux ébahis de Souhayl. L'ascenseur n'était en réalité qu'un sas pour accéder au vrai Hall de l'Academy.

—Wouaaah, s'émerveille Souhayl, en sortant de l'ascenseur. Ok, là, je suis vraiment à l'Academy !

Alors que le gardien avance d'un pas rapide, Souhayl essaye de le suivre tout en regardant autour de lui. Du sol entièrement recouvert de parquet, sortent ici et là des arbres fleuris, comme si leurs troncs prenaient naissance dans les lattes en bois. En levant la tête, Souhayl aperçoit un vrai arc-en-ciel qui flotte sous le plafond en verre. À sa gauche, il est surpris de découvrir des fontaines à eau, qui coulent à l'envers, en direction des personnes qui souhaitent étancher leur soif. Les micros gouttelettes qui s'en échappent, atterrissent dans des bacs d'où poussent des plantes luxuriantes, comestibles, à l'odeur fraîche et qui donnent à ce hall une allure exotique. Face à lui, un sablier géant égrène chaque minute, mais ses parois transparentes ne laissent pas entrevoir du sable, mais bien des millions de petits leds lumineuses qui voyagent entre les deux côtés du sablier. De quoi émerveiller Souhayl, qui en a le souffle coupé. Le gardien attentif à ses réactions, lui dit :

—Tout ce que tu vois, dit le gardien à Souhayl, ce sont des inventions réalisées par d'anciens élèves de l'Academy.

— Allahou akbar, dit timidement Souhayl. Mais pourquoi on ne voit pas tout ça en ville ?

— Il y a trois sortes de technologie développées ici, répond le garde. Celles qui sont toujours en phase de tests, comme ce drone miniature qui vient de se poser sur ton bras.

— Aaaaah, je l'avais même pas vu !!! crie Souhayl, en fixant du regard l'engin pas plus grand qu'une abeille décoller de son bras tremblant.

— Ensuite, il y a les technologies "secret défense", comme ce sol organique sur lequel tu marches actuellement. Et enfin, les technologies civiles et commerciales que tu peux retrouver partout dans le monde.

— Ma cha Allah ! Mais si ce sol est secret, pourquoi l'avoir installé dans le Hall, à la vue de tous ?

— Parce que le Roi veut accueillir la future élite en l'honorant de quelques secrets dévoilés. Nous sommes arrivés. Souhayl Tidus, c'est ça ? Je te laisse entrer. C'est derrière cette porte qu'a lieu votre réunion.

Souhayl, abasourdi par tout ce qu'il vient de voir, ne sait plus trop quoi penser. Le lieu est totalement différent de ce qui l'a toujours connu, ce qui l'attire fortement. Mais se retrouver seul face, sans la compagnie du gardien et en ignorant totalement ce qui l'attend, fait battre son cœur à vive allure. Il pousse alors fébrilement la porte et, alors qu'elle s'ouvre au ralenti, tous les enfants présents dans la salle regardent en direction du nouvel arrivant.

— As-salamu 'alaykoum, Souhayl !

— Allahou akbar ! Youssouf !! 'Omar !! Qu'est-ce que vous faites là ?!

— Qu'est-ce que tu crois, dit Youssouf, nous aussi on a été admis à l'Academy !

— Heu... as-salamu 'alaykoum les frères... dit un jeune garçon d'une petite voix.

— Naaaaan ! crie Souhayl, Anas !! Toi aussi t'as été admis !! Soubhanallah, mais c'est une blague en fait ! Toute l'école est là ?!

— Non, répond 'Omar, j'ai compté : il y a 99 enfants dans cette pièce, en comptant toi qui viens d'arriver. Alors que nous ne sommes que 4 venant d'Ibn Badis.

— Subhanallah ! dit Anas, 99 enfants sur tous les élèves du Royaume ! C'est vraiment très peu !

L’excitation est palpable, les questions fusent de tous les côtés. Hormis Souhayl, tous les autres semblent plus qu’heureux d’intégrer cette Academy qui regorge de secrets. La pièce dans laquelle ils sont regroupés est tellement grande, que cela amplifie l’écho de toutes les voix qui résonnent. Comme dans le hall d’entrée, c’est la modernité du lieu qui capture l’attention de tout le monde. Les larges fenêtres qui bordent la pièce semblent donner sur l’extérieur de la ville. Pourtant, quand les enfants s’en approchent, ils découvrent avec étonnement que ces fenêtres sont composées d’écrans qui affichent un extérieur virtuel. Des affinités se créent autour de ces découvertes et un groupe d’une dizaine d’enfants s’approche de Souhayl et de ses amis avec un air satisfait.

— As-salamu 'alaykoum, dit Nabil, le chef du groupe. Vous avez l’air de vous connaître tous les quatre. Vous venez d’où ?

— Wa 'alaykoum as salam wa rahmatoullahi wa barakaotuh, répond Anas. Nous venons de Saligar.

— Saligar ? répond Nabil, je ne connais pas et ça a l'air bien paumé. Là, on cherche des élèves pour former un groupe solide. Je ne sais pas comment les choses vont se passer, mais je pense qu'il est intelligent de former une alliance. Bien sûr, je suis le chef. On est déjà 14 et avec vous, ça ferait 18. Mon but est de réunir au moins un quart des admis dans mon groupe, soit 25 personnes, pour que l'on soit inarrêtable.

Souhayl, 'Omar, Youssouf et Anas se regardent l'air perplexe.

— Je ne parlerai pas au nom de mes amis, dit 'Omar, mais moi, tu ne m'inspires aucune confiance. Bon courage à toi.

— Haha, c'est clair, ça sent l'arnaque son affaire ! rigole Souhayl.

— Pareil, je passe mon tour, répond Youssouf.

— J'ai besoin de répondre ? dit Anas. Ça me paraît assez clair pourtant.

— Saligar, vous avez dit ? reprend Nabil. Je suis sûr que personne ici ne saurait indiquer votre village sur une carte. Restez entre paysans, mais ne m'en voulez pas si je vous écrase le moment venu.

Une main d'adulte, portant une bague à l'index, vient se poser sur l'épaule de Nabil.

— Détrompe-toi Nabil, dit l'homme à la bague. Si tu mets une carte du Royaume à l'autre bout de cette pièce, je suis sûr de pouvoir tirer une flèche en plein sur Saligar.

— Hey ! Lâchez-moi ! crie Nabil. Vous êtes qui d'abord !?

L'homme relâche Nabil avec un sourire en coin. Ensuite, tout en faisant tourner sa bague entre l'index et le pouce de sa main gauche, il traverse la pièce avec un air rieur, sous le regard perturbé des enfants. Arrivé à l'autre bout de la salle, l'homme se retourne vers les enfants. Alors qu'il les fixe les yeux grands ouverts, il se met soudainement à afficher un immense sourire qui met mal à l'aise l'assemblée.

— As-salamu 'alaykoum les nouveaux ! Je vous félicite tous pour avoir été sélectionnés par l'Academy royale ! Comme vous le savez déjà, cette institution vieille de plus d'un siècle sélectionne chaque année une poignée d'élèves pour former l'élite du Royaume. Cette année, c'est vous la future élite, inchallah !

Tout en continuant de jouer avec sa bague, l'homme se met à marcher au milieu des élèves d'un pas calme et détendu en poursuivant son discours.

— Je ne me suis pas présenté. Je m'appelle Junayd et je suis le nouveau directeur de l'Academy. En tant que nouveau directeur, j'ai apporté quelques changements de taille à l'Academy. Bon... ça ne change rien pour vous vu que c'est la première fois que vous venez, haha. Mais pour tous ceux qui ont récolté des informations auprès d'anciens élèves, je suis désolé pour vous. Ces informations ne vous serviront à rien avec moi.

Junayd continue sa balade entre les rangs, alors que les enfants sont totalement immobiles, craignant que le moindre mouvement leur cause préjudice.

— Bon, je vais raccourcir la pré-rentrée, parce que les longs discours, c'est pas mon fort. Alors, retenez ça : vous allez vivre 5 ans dans l'Academy. Vos repas vous seront offerts, ainsi que tout le nécessaire de toilette. Ça va être dur, certains vont pleurer, d'autres s'énerver, et d'autres encore voudront quitter l'Academy. Malheureusement, c'est moi qui décide qui reste et qui part. Et en parlant de ça, découvrons ensemble la première nouveauté de l'Academy 2.0 ! lance Junayd, les bras grand ouverts.

Les enfants restent tétanisés face à ce discours. Alors qu'ils s'attendaient à une présentation sérieuse, ils se retrouvent face à un directeur n'ayant pas l'air de prendre au sérieux l'enjeu de leur intégration.

— Ici, continue le directeur, on est dans le bâtiment historique qui accueille l'Academy depuis son inauguration. Mais cette année, ça va changer ! Dès la rentrée, l'Academy déménage dans une annexe du Palais royal ! C'est cool, non ? dit-il avec un grand sourire. On aura le Roi pour voisin !!

Le directeur retourne au fond de la salle et active un hologramme qui affiche une scène en 3 dimensions. Les enfants n'avaient jamais vu une telle chose avant ce jour. Ils prennent peur tout en s'interrogeant sur ce qu'ils voient.

— Regardez par là les enfants. Vous êtes en train de voir votre future salle de classe. Notre technologie holographique diffuse actuellement ces images en direct. Et comme je viens de vous l'annoncer, cette salle se trouve dans une annexe du Palais royal. Est-ce que quelqu'un peut compter le nombre de bureaux présents dans votre future classe ?

Les enfants restent totalement silencieux, personne n'ose répondre.

— Allez ! dit le directeur, vous êtes l'élite du Royaume, vous devriez être capables de compter, non ?

— Heu... 15, articule avec difficulté l'un des enfants. Il y a 15 tables, monsieur le directeur ?

— Tu me poses la question ? Tu veux que je compte pour toi ?

— Heu nan... en fait oui, il y a 15 tables, monsieur le directeur...

— C'est bien mon grand ! c'est ça ! Il y a bien 15 tables !

— Purée, on est 99, chuchote 'Omar.

— Oui, monsieur Sohko ! répond le directeur, aussi perspicace que ton père à ce que je vois ! Vous êtes 99, mais il n'y a toujours eu que 30 élèves par année à l'Academy. 15 places pour les garçons, et 15 places pour les filles. Ça me fait penser que les filles admises cette année, m'attendent en ce moment même dans l'autre aile du bâtiment. Bref, Vous vous demandez comment on va résoudre ce fâcheux problème, n'est-ce pas ?... Veuillez entrer s'il vous plaît ! crie le directeur en direction de l'entrée.

La porte s'ouvre sur une dizaine d'intendants qui s'engouffrent dans la salle. La moitié d'entre eux porte un plateau sur lequel reposent plusieurs montres. Par paires de deux, ils traversent la salle pour distribuer les montres aux élèves. Quand un élève reçoit une montre de l'un des intendants, l'autre note son nom et prénom sur son calepin.

— BarakAllahou fikoum, mais elle sert à quoi ? demande l'un des élèves à l'intendant.Ce dernier ne prête pas attention à la question et continue son chemin à travers la salle. Une fois tous les élèves servis, les intendants ressortent de la salle. Le directeur reprend sa marche parmi les enfants comme si rien ne venait de se passer.

— C'est vraiment très simple ! dit Junayd un rictus aux lèvres. Vous allez voir, on va s'amuser ! La rentrée a lieu le 1er septembre et nous sommes le 22 juillet. Vous avez donc jusqu'au 1er septembre pour vous rendre dans votre future salle de classe et choisir votre place ! C'est simple, non ? Donc, vous l'aurez compris, cette rentrée à l'Academy n'aura lieu qu'avec les 30 premiers qui choisiront leur bureau. Pour les autres, retour à la vie normale ! Des questions ?

Une main se lève timidement parmi les enfants quand le directeur l'interrompt :

— Soubhanallah, j'oubliais ! Regardez encore votre classe à la télé ! Vous voyez la petite lumière verte qui clignote en haut à droite de chaque bureau ? Elle sert à vous signaler que la place est toujours libre ! Pour vous approprier le bureau, vous n'aurez qu'à passer votre nouvelle montre au niveau de la lumière. Et quand la place vous sera attribuée, elle clignotera en rouge. Vous saisissez ? Si, quand vous entrez dans la salle de classe, toutes les lumières sont rouges, alors... au revoir ! Et retour à la maison ! dit le directeur avec un large sourire, tout en montrant du doigt la porte à l'autre bout de la salle. Donc oui, les questions ! Vas-y mon grand, courage !

Les enfants sont totalement désemparés face au directeur Junayd. La plupart d'entre eux commencent même à regretter d'avoir intégré l'Academy. Malgré la tension, quelques élèves ont le courage de poser des questions.

— Monsieur le directeur, demande un enfant, comment on rentre dans le Palais royal ? Il nous suffit de dire à l'entrée que l'on fait partie des élèves de l'Academy ?

— Ouh là là ! Non non ! Ne fais surtout pas ça ! Déjà, techniquement, vous ne faites pas encore partie des élèves de l'Academy. Alors oui, je sais, vous avez été admis, etc. Mais comme on l'a vu, il ne peut y avoir que 30 élèves à l'Academy. Maintenant, pour te répondre, si tu fais ce que tu viens de dire, les gardes du Palais vont simplement te mettre dehors ! Et si ça arrive… au revoir, tu es disqualifié !

— Mais comment on fait pour trouver notre classe alors ? demande un autre enfant.

— Oui, monsieur le directeur, renchérit un troisième, comment on fait ?! Je n'ai jamais été au Palais royal, je ne sais même pas où il est ! Je l'ai juste vu à la télé…

— Pareil pour moi…

— C'est ça qui est le plus amusant, les enfants ! répond Junayd, satisfait de voir les élèves décontenancés. Vous avez un peu plus d'un mois pour trouver une solution !

— Si j'ai bien compris, dit Anas, si on se fait arrêter par un garde, nous sommes exclus de l'Academy. Si nous ne trouvons pas notre classe, nous sommes exclus de l'Academy. Si nous parvenons à pénétrer dans notre classe mais que toutes les places sont déjà réservées, nous sommes exclus de l'Academy.

— Exactement. ! répond le directeur. Allez, j'en ai assez dit ! Je vous souhaite bon courage pour la suite ! Et là, je m'adresse aux 69 futurs recalés que je ne reverrai pas à la rentrée ! As- salamu 'alaykoum !

Le directeur traverse la salle pour quitter la pièce sans poser le moindre regard sur les élèves. Aucun d'entre eux ne sait si la scène qui vient de se passer était réelle, ou si un autre directeur va se présenter pour refaire la pré-rentrée qu'ils attendaient.

— Mais c'est quoi ce directeur bizarre ? demande un enfant. On dirait qu'il veut juste nous voir quitter l'Academy !

— Vraiment, je comprends rien, s'énerve un autre. Depuis que je suis petit, on me parle de l'élite du Royaume. Mais là, c'est plutôt l'élite de la méchanceté. Je ne sais même pas si je veux remplir sa mission !

— Pareil, je crois vraiment que l'Academy, c'est pas pour moi !

Souhayl se tourne vers ses amis avec un regard plus déterminé que jamais.

— Bon ! dit Souhayl, qui a un plan pour entrer dans le Palais ?!

— Un plan ? interroge 'Omar, surpris. Pendant tout son discours, je t'imaginais jubiler à l'idée de pouvoir te faire recaler de l'Academy ! T'as changé d'avis ?

— Carrément que j'ai changé d'avis ! Mon père m'a convaincu d'aller jusqu'au bout de l'Academy. En plus, t'as entendu ? On ne parle pas de maths ou d'histoire là, on me propose une mission d'infiltration ! Et pour être honnête, c'était trop drôle ! On dirait que le directeur avait encore moins envie d'être ici que moi, haha !!

— Al Hamdoulillah, dit Youssouf. Moi aussi, cette mission, elle me donne super envie !

— J'admets que ça change de l'apprentissage classique, dit Anas, ça me fera un peu de divertissement.

'Omar regarde la montre qu'on vient de lui remettre. Il essaye d'appuyer sur l'écran mais elle ne réagit pas. Puis, il relève sa tête vers ses amis.

— Cette mission est super intéressante. Si on se précipite vers le Palais, on risque de se faire attraper par les gardes. Mais si on réfléchit trop à notre approche, on prend le risque de ne plus trouver de place. Avec ces règles simples , ils vont pouvoir juger notre créativité, notre volonté et notre habilité à réagir face au stress. C'est vraiment super malin de leur part.

— Soubhanallah, t'as raison ! dit Youssouf, j'avais pas vu ça comme ça !

— Bon, dit Souhayl, avec un air satisfait, je crois qu'il est temps pour nous de nous infiltrer dans l'Academy !

Fin du Tome 2

SCANNE CE QR CODE POUR NE RIEN RATER D'ACADEMY STORY !

SUBHANALLAH !
J'AI FAILLI RANGER LE LIVRE
SANS LAISSER UNE NOTE ET UN AVIS !

TIENS, JE VAIS MÊME FAIRE UNE STORY
POUR PARTAGER LE LIVRE À MES COPINES !!!

POUSSE-TOI HAROUN !
JE VAIS PRENDRE LE LIVRE
EN PHOTO !!

ATTENDS !
JE VAIS PRENDRE
LA POSE GENRE J'SUIS
À FOND DANS LE LIVRE !

ET SI TU FAIS UNE STORY
PENSE À TAGUER @academy_story_fr !!!

Remerciements

Je remercie Allah de m'avoir permis d'écrire ce second tome d'Academy Story et plus globalement, je Le remercie pour l'ensemble de Ses bienfaits.

Ensuite, je tiens à remercier celles et ceux qui ont donné de leurs temps pour relire ce livre :

Oum Yassir
Zaynab M.K
Maryam M.K
Caroline Okon
Juliette de 1500 mots & co

Printed in France by Amazon
Brétigny-sur-Orge, FR

23455658R00113